생각 바꾸기

43, 172쪽 그림

생각 바꾸기

동기인지행동치료를 통한 스트레스-웰빙 관리

김정호 지음

불광출판사

여는 글

삶의 기술

물에서 뜨는 법을 모르는 사람에게 깊은 물은 불안의 대상이다.
수영을 할 줄 아는 사람에게 깊은 물은 즐거움의 대상이다.

파도를 탈 줄 모르는 사람은 높은 파도가 겁난다.
파도를 탈 줄 아는 사람은 파도가 높을 때 오히려 더 즐겁다.

우리의 삶에는 어떤 기술이 필요할까?
어떤 기술이 삶을 행복하게 할까?

전쟁과 스포츠에 전략이 있듯이
삶에는 생각하고 행동하는 방식, 즉 동기인지행동전략이 있다.
전쟁과 스포츠에서 전략이 승패를 좌우하듯이

동기인지행동전략이 스트레스와 웰빙을 결정한다.

삶에서 스트레스를 줄이고 웰빙을 늘리는 동기인지행동전략이
바로 우리의 삶을 행복하게 할 삶의 기술이다.

스트레스를 줄이고 웰빙을 늘리는 생각과 행동의 방식,
즉 동기인지행동전략이라는 삶의 기술을 배워보자.
첫술에 배부르지 않다.
꾸준히 연습하자.
완성의 길은 멀다.
공자도 70세가 되어서야
"마음 가는 대로 해도 법도를 넘어서지 않았다."라고 했다.
그러나 지레 포기할 필요는 없다.
완성의 길은 멀지만 한 번 연습하면 그만큼 삶의 기술은 숙련된다.
또한 삶의 기술을 연습하는 것은 그 자체로 즐거움이기도 하다.
논어 첫 구절대로, 배우고 그것을 익히면 즐거운 법이니까!

생각이란?

생각이란 무엇인가?

누구나 알지만 정의 내리려고 하면 잠시 막막해진다.

이 책 제목인 '생각 바꾸기'에서
'생각'이라는 말은 심리학 용어로 동기와 인지를 포함한다.
동기는 일상용어로 욕구, 욕망, 욕심, 의도 등에 해당하고
인지는 기억, 계획, 판단, 추론, 이해 등을 포함하는 용어로
일반적으로 생각에 해당한다.

그러나 우리말에서 '생각'은
일반적 의미의 생각만이 아니라 욕구도 포함한다.
아래의 예를 통해 '생각'이 뜻하는 바를 살펴보자.

작년 여름 제주도에서 보낸 휴가를 생각한다. ← 기억
오늘 저녁에 만날 이성친구와 무슨 얘기를 나눌까 생각한다. ← 계획
나는 그가 잘못했다고 생각했다. ← 판단
그 사람이 나를 좋아한다고 생각해. ← 추론
내가 하는 말이 무슨 말인지 잘 좀 생각해봐. ← 이해
나는 밥 먹을 생각이 없다. ← 욕구
나는 그 사람 사귈 생각이 없어. ← 욕구

이와 같이 우리말에서 생각은

단순히 인지만이 아니라 동기의 의미도 포함한다.
따라서 이 책은 우리의 욕구와 생각,
즉 동기와 인지를 바꾸는 것을 다루며
본문에서는 욕구와 생각을 구분해서 사용하지만
제목을 정할 때는 편의상 욕구와 생각을 포함하는 넓은 의미로
생각을 사용했다.

우리는 하루 종일 생각을 하며 산다.
이 생각이 우리를 고통스럽게도 하고 행복하게도 한다.
이 책은 넓은 의미의 생각을 바꿔
스트레스를 줄이고 웰빙을 늘리는 방법을 다룬다.

차례

제2부 마음은 스트레스 발전소

제3부 어떻게 생각을 바꿀까

제1부

감정은 동기에서 시작한다

: 동기인지행동치료

동기인지행동치료(Motivational Cognitive Behavior Therapy, MCBT)는 인지행동치료와 인지행동치료의 제3의 흐름이라고 할 수 있는 변증법적 행동치료(Dialectical Behavior Therapy, DBT), 통합적 부부행동치료(Integrative Behavior Couple Therapy, IBCT), 마음챙김에 기반한 인지치료(Mindfulness-Based Cognitive Therapy, MBCT), 수용전념치료(Acceptance & Commitment Therapy, ACT) 등의 치료기제를 통합적으로 설명하고, 최근의 긍정심리중재법도 포함하는 개념으로 제안되었으며, 통합동기치료로 불리기도 했다.[1] 심리장애를 갖는 환자뿐만 아니라 스트레스를 경험하는 일반인들의 스트레스 관리와 웰빙 관리에도 적용될 수 있다는 점에서 동기인지행동훈련(Motivational Cognitive Behavior Training, MCBT) 또는 동기인지행동관리(Motivational Cognitive Behavior Management, MCBM)로 부를 수도 있다.

기존의 인지행동치료에서는 심리장애나 스트레스의 원인으로 인지에 초점을 두고 인지와 행동의 관리를 통해 치료와 스트레스 관리를 꾀한다. 동기인지행동치료에서는 심리장애나 스트레스의 원인으로 인지뿐만 아니라 동기의 중요성을 강조한다. 최근, 기존의 인지행동치료와는 달리 수용전념치료와 같은 새로운 흐름의 인지행동치료에서는 인지의 변화가 치료에 핵심적이지 않다고 보며, 그와 관련된 연구 결과를 많이 내놓고 있다.[2] 동기인지행동치료에서는 인지의 변화를 통하든 다른 방법을 통하든 궁극적으로 동기 자체나 동기 상태의 변화가 치료에서 핵심적이라고 보며, 동기와 인지 및 행동의 관계에서 동기의 변화를 도모한다.

동기인지행동치료에서는 인간의 정보처리에서 개인 내적인 요인들(동기, 인지, 정서, 감각, 행동 등)과 환경 요인들과의 역동적 상호작용을 설명하는 안-밖 합치도(Inner-Outer Compatibility)[3]와 스트레스와 웰빙의 통합적 연구를 지향하는 동기상태이론(Motivational States Theory)[4]에 바탕을 두며 기존의 인지행동치료와는 달리 스트레스나 증상의 원인과 치료의 기제 및 치료기법에서 동기를 중요하게 다룬다.

동기인지행동치료의 관점에서는 심리증상이든 스트레스든 동기가 없다면 발생하지 않는다고 보며, 동시에 동기의 형성과 소멸, 그리고 동기 상태에 영향을 주는 인지와 행동의 관리를 통해 심리장애의 치료와 스트레스 관리뿐만 아니라 웰빙 증진을 목표로 한다. 동기인지행동치료는 동기 자체나 동기 상태의 변화를 통한 웰빙 증진을 포함함으로써, 최근에 긍정심리학에 바탕을 두고 등장한 긍정심리중재법도 포괄한다.

1

스트레스와 웰빙은 만들어진다
: 동기상태이론과 안-밖 합치도

스트레스와 웰빙의 정의는 많다. 스트레스와 웰빙을 연구하는 학자의 수만큼이나 많다고 할 수 있다. 이 책에서는 동기상태이론을 따라 스트레스와 웰빙을 다음과 같이 정의한다.

동기상태이론에서 스트레스와 웰빙은 동기의 상태로 정의한다. 스트레스는 동기의 좌절 상태(동기좌절)와 동기의 좌절이 예상되는 상태(동기좌절예상)며, 웰빙은 동기의 충족 상태(동기충족)와 충족이 예상되는 상태(동기충족예상)다.[5] 즉 동기좌절이나 동기좌절예상이라는 동기 상태가 스트레스이고 동기충족이나 동기충족예상이라는 동기 상태가 웰빙이다. 이를 도식으로 나타내면 〈표 1〉과 같다.[6]

표 1. 동기상태이론의 스트레스와 웰빙의 정의

스트레스	웰빙
동기좌절	동기충족
동기좌절예상	동기충족예상

동기상태이론으로 보면, 우리는 삶을 살아가며 여러 가지 경험을 하는데 그 경험은 크게 스트레스와 웰빙 및 특별히 스트레스나 웰빙으로 분류되기 어려운 중립 경험으로 나눌 수 있다. 스트레스와 웰빙은 다시 동기의 유형과 상태에 따라 다양하게 분류된다. 또한 경험되는 스트레스와 웰빙의 크기는 동기의 크기에 따라 달라진다.

스트레스와 웰빙은 동기의 상태이고, 동기 상태는 주관적으로 각각 다양한 부정정서와 긍정정서로 경험되며 관련된 신체 반응으로 나타난다.

동기상태이론에서 볼 때 스트레스나 웰빙은 동기가 없다면 불가능하다. 스트레스를 경험하고 싶지 않다면 동기를 제거하면 된다. 그러나 동기가 없어진다면 웰빙도 얻을 수 없다.

안-밖 합치도의 관점에서는 인간의 삶을 정보처리를 통해 정보를 구성하는 과정으로 보며, 정보처리를 통해 특정한 정보를 구성할 때 개인(안)과 환경(밖) 간에 일정한 합치도, 즉 안-밖 합치도가 존재한다고 본다. 안-밖 합치도는 한 개인이 주어진 환경에서 특정한 정보를 처리 혹은 구성함에 있어서의 효율성이라고 할 수 있으며 정보처리의 좋음 혹은 쉬움이라고 표현할 수 있다. 이런 점에서 안-밖 합치도는 안과 밖의 상호작용에서 특정 정보의 구성 가능성(constructibility)을 나타낸다고 할 수 있다. 여기서 정보는 우리가 경험할 수 있는 동기, 인지, 정서, 감각 등을 포함하는데 정서를 예로 들어 설명해보자. 일반적으로 공포영화와 개인 사이에서는, 공포 정서의 구성에서 안-밖 합치도가 높고 재미 정서의 구성에서 안-밖 합치도가 낮다. 그러나 공포영화를 좋아하는 사람이라면 공포 정서의 구성에서 안-밖 합치도가 낮고, 재미 정서의 구성에서 안-밖 합치도가 더 높을 수 있다.

또한 안-밖 합치도는 경험, 즉 학습을 통해 변화할 수 있다. 어린 시절에 턱이 긴 어른에게 예쁨 받던 여성은 커서도 턱이 긴 남자를 대했을 때 이유 없이 편안함을 느낄 수 있다. 이것은 턱이 긴 남성의 얼굴이라는 밖-조건이 일으키는 경험이 학습의 영향을 받는 것을 뜻한다.

안-밖 합치도에 따르면 인간의 정보처리는 안과 밖의 역동적인 만남이라고 할 수 있다. 안이란 개인의 내면 환경으로 동기, 인지, 정서, 감각, 행동 등을 의미하며, 이들은 밀접하게 연결되어 있어서 서로에게 영향을 줄 수 있다. 예를 들어 인지의 변화는 정서에 영향을 줄 수 있고, 반대로 정서 상태도 인지에 영향을 줄 수 있다. 밖이란 개인의 외부 환경을 뜻하는데, 밖-조건의 변화는 안-조건에 영향을 준다. 물론 안-조건의 변화도 밖-조건에 영향을 준다.

동기상태이론에서는 스트레스와 웰빙의 동기 상태 역시 개인과 환경 간의 상호작용을 통해 구성되는 정보로 보고, 스트레스와 웰빙의 구성에서 일정한 안-밖 합치도가 존재하며, 안-조건과 밖-조건을 변화시킴으로써 스트레스 구성의 안-밖 합치도를 낮추고 웰빙 구성의 안-밖 합치도를 높여 스트레스와 웰빙을 관리할 수 있다고 본다.[7] 이와 같이 스트레스와 웰빙은 안-조건과 밖-조건에 의해 구성되는데 다음에서는 주로 스트레스와 웰빙의 구성에 관여하는 안-조건의 요인인 동기, 인지, 행동을 다룬다.

2

심리를 좌우하는 두 가지
: 동기와 인지

인간을 포함해서 모든 살아 있는 유기체는 '얻기'와 '알기'의 두 가지 활동을 한다. 유기체는 개체로서의 생존과 종으로서의 생존을 위해 세상에서 필요한 것을 알고자 하고 얻고자 한다. 얻고자 하고 알고자 하는 것은 유기체를 움직이는 기본적인 동기다.

동기란 무엇인가

일상생활에서 동기는 욕구, 욕망, 욕심 등의 용어로 사용되는 경우가 많다. 이러한 동기를 정의하는 방식은 이론가마다 조금씩 다를 수 있지만, 동기는 '목표'(혹은 목표 상태)와 '목표를 획득 혹은 유지하고자 하는 소망이나 추동력'의 두 가지 요소로 구성되어 있다고 볼 수 있다.[8]

우리는 추위로부터 몸을 보호하고자 하고, 맛있는 음식을 먹고자 하고, 돈을 많이 갖고자 하고, 깊은 우정을 나누고 싶고, 아름다운 이성과 사귀고 싶고, 자존심을 지키고 싶고, 승진을 하고 싶고, 주위 사람들에게 인정을 받고 싶은 등의 여러 가지 동기를 갖고 있으며, 이를 실현하고 유지하고 싶어 한다.

동기는 개인마다 차이가 크다. 기본적으로 타고난 동기 외에 살아가며 얻게 된 앎(지식)을 통해 새로운 동기들이 파생되어 나타나기 때문이다.

동기의 구성요소인 목표와 그 목표에 대한 소망 가운데, 소망의 크기에 따라 동기의 크기가 달라진다. 따라서 동기는 그 목표를 달성하거나 유지하고자 하는 소망의 크기에 따라 다양한 크기의 동기로 구분될 수 있다.

'…이면 좋겠다' '…이어야 한다': 동기의 표현 형식

동기는 유기체가 달성 혹은 유지하고자 하는 목표 상태를 포함하며, 목표 상태에 대한 소망 혹은 당위의 형태로 표현된다. 일반적으로 당위는 소망보다 동기 강도가 더 강하고 융통성이 적다. 소망은 어떤 목표 상태를 바라되 그 상태가 아닐 수도 있다는 것을 품고 있는 데 반해, 당위는 어떤 목표 상태가 반드시 달성되고 유지되어야 한다는 것이기 때문이다. 따라서 목표 상태가 좌절되었을 때, 당위의 경우에 더 큰 스트레스를 경험하게 된다.

목표 상태는 목표 상태의 대상에 따라 크게 자기 자신에 대한 소망/당위와 다른 사람이나 세상에 대한 소망/당위로 구분된다.

동기의 표현 형식에는 바라는 상태나 행위에 대한 소망의 표현('…이면 좋겠다' '…하고 싶다')과 상태나 행위에 대한 당위의 표현('…이어야 한다' '…해야 한다')이 있다.

동기 상태

동기 상태는 주관적 정서로 경험되며 몸을 통해 신체 반응으로 나타난다. 동기 상태는 동기의 목표 획득을 위한 행동에 끊임없이 피드백을 준다. 즉 동기 상태는 동기의 목표가 충족되었는지 혹은 충족으로 가고 있는지, 그리고 목표가 좌절되었는지 혹은 좌절로 가고 있는지를 나타내줌으로써 동기의 목표를 향한 행동을 안내한다.

동기의 충족 또는 충족예상은 '강화'로서 작용한다. 따라서 동기충족과 동기충족예상을 수반하는 행동은 다시 나타날 빈도가 높아진다. 동기의 좌절 또는 좌절예상은 '처벌'로서 작용한다. 따라서 동기좌절과 동기좌절예상을 수반하는 행동은 다시 나타날 빈도가 낮아진다.

인지란 무엇인가

인지(cognition)란 앎을 말하며 심리학에서 인지를 연구할 때는 앎의 획득, 유지, 활용 등을 다룬다. 인간은 기본적인 욕구, 즉 동기의 체계와 함께 자신과 세계에 대한 앎을 획득하는 매우 뛰어난 체계를 가지고 태어난다.[9] 인지체계는 동기를 충족시키기 위해 진화하고 발달한다고 볼 수 있지만 동기 자체의 형성과 소멸에도 상당한 영향력을 행사한다.

우리의 앎, 즉 지식에는 크게 두 가지 유형이 있는데 각각 서술적 지식과 절차적 지식이라고 불린다.

서술적 지식은 '상태에 대한 앎'(know-what)에 해당하는 지식으로 서술적 문장으로 나타낼 수 있다. 절차적 지식은 특정한 과제를 수행하는 데 필요한 '방법에 대한 앎'(know-how)에 해당하는 지식이다.

우리는 자신의 감각기관을 동원하고, 언어 재료를 처리하며, 판단과 추론 등의 사고 과정을 통해 세상과 자신에 대한 앎, 즉 서술적 지식을 형성한다. 따라서 서술적 지식은 자기 자신과 세상에 대한 지식, 의견, 생각, 판단, 평가, 믿음 등을 뜻한다. 서술적 지식은 사실에 관한 진술인 사실적 지식과 사실에 대한 판단 또는 평가인 판단적 지식으로 나눌 수 있다. 판단이나 평가의 대상은 현재뿐만 아니라 과거나 미래의 상태를 포함한다. 당연하겠지만, 세상 혹은 세계라고 할 때 가족, 친구, 동료, 일반사람 등 사람이 중요하게 포함된다.

'나는 A기업의 면접에 떨어졌다.'는 사실에 대한 지식이다. 이와 달리 '나는 인생의 실패자다.' 또는 '우리 사회의 취업난이 심각하다.'는 사실에 기초한 판단 또는 평가다.

'A가 인사를 받지 않고 지나갔다.'는 사실에 대한 지식이다. 이와 달리 'A는 나를 무시한다.' 또는 'A는 건방지다.' 또는 '나는 한심한 인간이구나.'는 사실에 기초한 판단 또는 평가다.

서술적 지식은 정확도, 즉 '참'과 '거짓'의 값을 갖는다. 혹은 주변 맥락과의 관계에서 적절성의 차이를 갖는다. 서술적 지식 가운데 사실적 지식은 쉽게 참과 거짓을 가릴 수 있지만, 판단적 지식은 그렇지 않은 경우가 많다. 특히 우리가 경험하는 스트레스의 많은 부분이 참이지 않은 판단적 지식에 따라 구성되는 경우가 많다.

동기에 크기의 차이가 있듯이, 서술적 지식에는 참과 거짓에 대한 확신도의 차이가 있다. 사실적 지식에서는 그 사실을 확실하게 혹은 불확실하게 알 수 있고, 판단이나 믿음의 경우에도 그 판단이나 믿음을 얼마나 확실하게 신뢰하느냐에 관해 차이가 날 수 있다.

우리는 자신의 운동기관을 사용하고, 언어 처리 방법과 사고 방법을 배움으로써 세상과 자신을 다루는 방법으로서의 앎, 즉 절차적 지식을 형성한다.

절차적 지식에는 탁구, 수영, 피겨스케이팅, 춤, 악기 연주, 그림 그리기 등 몸으로 하는 기술이 포함된다. 또한 상대가 하는 말에서 의미를 파악하는 언어 이해, 자신의 생각을 말로 표현하는 언어 산출 등 언어에 대한 지식도 절차적 지식에 포함된다. 상대를 이해하는 능력이나 자신의 입장을 적절하게 전달하는 자기 주장법 등도 절차적 지식에 속한다. 주어진 상황을 특정한 방식으로 생각하는 사고방식도 절차적 지식이다. 이렇게 볼 때 절차적 지식은 단순히 머릿속 생각의 방식만이 아니라 몸을 통한 행동의 방식을 포함한다.

절차적 지식은 서술적 지식과 달리 한 번에 형성되기보다는 반복해서 숙달되어야 하며, '참'과 '거짓'보다는 과제 수행의 효율성에서 차이를 보인다. 수행을 반복하면 자동화되고, 자동화되면 더 적은 정신자원으로도 동일한 수행을 할 수 있다. 하지만 그렇게 자동화되면 쉽게 변화시킬 수 없다. 사고방식은 절차적 지식에 속하기 때문에 숙달된 사고방식은 교정하는 것이 쉽지 않다.

지식 vs 당위: 인지의 표현 형식

인지는 주로 상태나 행위에 대한 기술이나 판단으로, 그 표현 형식은 주로 '…는 …이다/하다'처럼 단순문이거나, '…해야 …이다/하다' '…면 …이다/하다' '…하려면 …해야 한다'처럼 조건문의 형태를 갖는다.

여기서 '…해야 한다'라는 표현 형식은 동기의 표현 형식에서 다룬 '당위'와 관련지어 설명할 필요가 있다. '…해야 한다'는 당위의 표현은 경우에 따라서 동기의 표현 형식이 될 수도 있고 인지의 표현 형식이 될 수도 있다. 한마디로 '…해야 한다'는 당위는 그것을 특정 개인이 자신의 행동이나 상태의 목표로 수용하는 경우에는 동기이고, 그렇지 않은 경우에는 인지이다. 특정 개인이 자신의 행동이나 상태의 목표로 수용하지 않은 경우에 '…해야 한다'는 단지 '…해야 한다고 하더라'를 뜻하는 것이다.

예컨대 '기독교인은 담배를 피우지 말아야 한다.'는 그것을 자신의 행동 목표로 수용하는 기독교인에게는 동기가 된다. 그 목표를 지키고 달성하고자 하는 소망을 품게 되기 때문이다. 그러나 같은 기독교인이더라도 그렇게 믿지 않는 사람에게는 그러한 당위를 주장하는 사람도 있다는 세상에 대한 지식, 즉 인지가 된다. 결국 당위는 그 당위의 내용에 대한 소망이 없는 한 동기가 될 수 없다.[10]

3

꼬리에 꼬리를 무는 동기, 인지, 행동

앞에서 다룬 것처럼 동기가 없으면 스트레스도 웰빙도 없다. 외부 사건만으로는 스트레스나 웰빙이 만들어지지 않으며, 동기가 있어야만 스트레스나 웰빙을 경험할 수 있다.

그런데 외부 사건만이 아니라 인지 또한 동기에 영향을 준다. 아래에서 보듯이 인지는 동기의 형성과 소멸뿐만 아니라 동기의 상태에도 영향을 준다. 뿐만 아니라 반대로 동기도 인지의 형성과 작용에 영향을 준다.

정서도 인지와 밀접한 관계에 있지만, 정서는 동기의 상태를 나타내는 지표의 하나로 볼 수 있으므로 정서와 인지의 관계는 동기와 인지의 관계에 포함된다.

동기가 인지에 주는 영향 1
: 동기 자체가 주는 영향

동기는 인지의 형성과 작용에 영향을 준다. 내가 욕구하는 대로 세상을 본다는 뜻이다.

동일한 20대 여성을 바라보더라도 사람에 따라 다르게 인지한다. 5살짜리 남자아이는 '저 누나가 나에게 초콜릿을 줄까 안 줄까?'라고 볼 것이다. 결혼하지 않은 젊은 남성이라면 '저 여자와 데이트하면 멋지겠다.'라고 볼 것이다. 50대 여성이라면 '저 아가씨가 우리 아들과 결혼하면 착한 며느리가 될까?'라고 볼 것이다. 대상의 차이가 아니라 바라보는 사람의 욕구의 차이가 인식의 차이를 가져온다.

누군가를 좋아할 때는 상대에게 자신을 좋게 보이려는 동기와 상대의 마음을 얻으려는 동기가 강해서, 상대의 장점은 더 크게 인식하고 단점은 더 작게 인식하는 경향이 형성된다. 또한 상대가 가지고 있는 특성을 좋은 쪽으로 해석한다. 예를 들어 사랑에 빠져 있을 때는 상대가 쉽게 결정하지 않는 모습을 보고 신중하다고 생각한다. 사랑에 빠지면 곰보도 보조개로 보이는 법이다.

하지만 결혼을 하고 상대를 열정적으로 구하던 마음이 식게 되면 결혼 전에 장점으로 보이던 부분이 단점으로 보이기도 한다. 쉽게 결정하지 않는 모습이 이제는 신중해 보이지 않고 우유부단해 보이는 것이다.

누군가를 싫어할 때는, 상대를 나쁘게 보려는 동기가 강해서 그 사람의 장점은 더 작게 인식하고 단점은 더 크게 인식하는 경향이 있다. 또한 상대가 가지고 있는 특성도 나쁜 쪽으로 해석한다.

완벽주의와 같은 과도한 동기는 흑백논리를 적용하기 쉽게 만든다. 완벽주의는 장인정신의 경우처럼 더 나은 결과를 향한 열정으로 작용하는 등 긍정적인 영향을 주기도 한다. 그러나 완벽주의가 흑백논리와 연결되면, 일상의 많은 장면에서 스트레스를 유발하는 주범이 된다. 예를 들어 여러 가지 좋은 모습을 보이던 어떤 상대가 한 가지 안 좋은 면을 보였을 때, 완벽주의의 흑백논리에 빠져 있는 사람은 그를 부정적으로 판단하고 멀리한다. 이 경우 상대에 대한 기대를 포기함으로써 일시적으로는 동기좌절이나 동기좌절예상을 피할 수 있다. 동기가 없다면 동기의 좌절이나 좌절예상도 없기 때문이다. 그러나 이런 경향이 장기적으로 반복되면 사회적으로 고립되는 등 더 큰 대가를 치르고 만다.

과도한 동기는 확대-축소의 비합리적 인지전략의 동원도 쉽게 한다. 모든 사람에게 인정받고자 하는 동기가 있으면, 10명 중 9명이 칭찬을 해도 부정적으로 말한 1명의 말을 계속해서 반추하며 스트레스를 경험한다.

과도한 동기, 특히 회피 동기는 관련된 생각에 집착하게 한다. 사람들이 자신을 좋아하지 않는 것에 대한 두려움이 크면 일상생활에서 다른 사람의 일거수일투족에 과도하게 주의를 주고 부정적인 독심술사고를 반복하게 된다.

동기가 인지에 주는 영향 2
: 동기 상태가 주는 영향

동기 상태(동기좌절이나 동기좌절예상의 스트레스, 동기충족이나 동기충족예상의 웰빙)도 인지 형성에 영향을 준다.

동기 상태인 스트레스나 웰빙의 정서는 인지에 영향을 준다. 이와 관련한 인간 정보처리의 특징 중의 하나로 기분일치성효과(mood - congruity effect)가 있다. 기분일치성효과란 특정한 기분이나 정서에 일치하는 기억이나 내용이 더 잘 처리된다는 것이다.[11] 동기좌절 상태의 하나인 화의 정서 상태에서는 화와 관련된 기억이 더 잘 떠오른다. 의식에 화와 관련된 기억이 떠오르니 더 화가 난다. 그러면 화와 관련된 기억이 더 잘 떠오른다. 불안의 경우에도 마찬가지이다. 이런 식으로 정서, 즉 동기의 상태는 인지와 상호 피드백 관계에 있다.

성장 과정에서 우리의 장기기억에 저장된 기억의 양은 대단히 많다. 적절한 정보를 필요한 때 인출해서 사용하는 것은 매우 중요하다. 인출기제의 하나인 기분일치성효과는 맥락에 적절한 행동을 하게 하는 데 상당히 유용하다. 그러나 부정적 정서의 경우에는 자칫 부정적 정서를 악화시키기도 하는 단점이 있다.

외상(trauma)이라고 할 정도로 커다란 동기좌절을 경험하게 되면 외상과 관련된 기억을 자주 떠올리는 확대-축소의 비합리적 인지전략의 사용 빈도가 증가할 수 있다. 또한 비현실적이거나 과도한 동기 등으로 동기좌절을 자주 경험하게 되면 과일반화 등의 비합리적 인지전략을 사용하기 쉬워진다. 동기좌절의 경험은 자기 자신이나 사람들에 대한 부정적 고정관념, 예를 들면 '나는 무능하다.' '나는 쓸모없는 사람이다.' '세상에 믿을 사람은 아무도 없다.'와 같은 생각을 형성하게 할 수 있으며, 이런 경우 대체로 과일반화의 비합리적 인지전략이 개입한다.

인지가 동기에 주는 영향 1
: 동기 상태에 주는 영향

인지 역시 동기에 영향을 준다. 인지가 동기에 영향을 주는 방식은 동기의 상태에 주는 영향과 동기 자체의 형성과 소멸에 주는 영향으로 나눠 볼 수 있다.

먼저, 인지는 동기의 상태를 좌절이나 좌절예상(즉 스트레스) 또는 충족이나 충족예상(즉 웰빙)으로 만드는 데 영향을 줄 수 있다.

길을 가다가 새끼줄을 보고 뱀이라고 인식하게 되면 생명을 유지하고자 하는 기본적인 동기가 좌절될 것 같은 상태, 즉 동기좌절예상의 스트레스 상태가 된다.

아는 사람이 인사를 받지 않고 지나갔을 때 기분이 나빠진다면 그것은 아는 사람이 인사를 받지 않고 지나간 것 자체 때문이 아니고 그것이 자신을 무시하는 행동이라는 판단 또는 평가 때문이다. 이러한 판단은 사람들에게 무시받고 싶지 않다(회피동기)거나 사람들의 존중을 받고 싶다(접근동기)는 동기를 좌절 상태로 만든다. 아는 사람이 인사를 받지 않고 지나간 것 자체만으로 스트레스를 경험하는 것은 아니다.

이때 '지가 뭔데 내 인사를 무시해! 건방진 놈!'이라고 무시하는 행동의 원인을 상대에게 귀인하면(상대가 건방진 놈이라는 서술적 지식을 형성) 상대에 대해 분노(무시받고 싶지 않은 동기의 좌절)가 일어난다. 반면에 '내가 얼마나 한심하면 나를 무시할까!'라고 무시하는 행동의 원인을 자신에게 귀인(내가 한심한 사람이라는 서술적 지식을 형성)하면 우울(존중받는 사람이고 싶다는 동기의 좌절)을 경험하게 된다.

발표를 앞두고 불안하다면 자신이 발표를 못할 것이라는 판단 또는 평가(미래의 발표 상태에 대한 서술적 지식) 때문이다. 이러한 판단이나 평가는 현재는 아니지만 미래에 동기를 좌절 상태로 만들 것이라고 예상하므로 동기좌절예상의 동기 상태를 만든다. 즉 자신이 발표를 못할 것이라는 판단이나 평가는 발표를 못해서 사람들 앞에서 창피를 당하고 싶지 않다(회피동기)거나 발표를 잘해서 인정받고 싶다(접근동기)는 동기를 좌절예상의 상태로 만든다.

발표를 앞두고 '이번 발표는 나의 능력을 제대로 보여주고 인정을 받는 좋은 기회야!'라고 생각하는 사람은 동기충족예상의 웰빙을 경험할 것이다. 발표 자체만으로 스트레스나 웰빙을 경험하는 것은 아니다.

인지는 동기 상태의 촉발뿐만 아니라 지속에도 중요한 역할을 한다. 동기 상태를 불이 붙은 상태라고 한다면 인지는 연료 역할을 한다. '생각할수록 화가 난다'는 말은 이러한 특징을 잘 나타내준다. '생각할수록 불안하다'는 말도 마찬가지다. 발생한 동기좌절이나 동기좌절예상은 더 이상의 연료 공급이 없다면 사라질 불이다. 그러나 동기좌절이나 동기좌절예상을 일으키는 생각이라는 연료를 계속 공급한다면 동기좌절이나 동기좌절예상의 불은 꺼지지 않고 더욱 활활 타오르게 된다. 이와 같이 인지는 동기 상태를 지속적으로 활성화 상태에 있게 하거나 더 악화시킨다. 동기 상태는 인지와 상호 피드백 관계에 있다.

인지가 동기에 주는 영향 2
: 동기의 형성과 소멸에 주는 영향

인지가 동기에 끼치는 영향의 두 번째 방식은 동기의 형성과 소멸에 영향을 주는 것이다. 동기가 없다면 스트레스도 웰빙도 없다. 그런데 인지는 이러한 동기의 형성과 소멸에도 영향을 준다. 동기 자체의 형성이나 크기의 변화에는 영향을 주지 않고 동기의 충족이나 충족예상 혹은 좌절이나 좌절예상 등 동기의 상태에만 영향을 주는 앞서의 방식과는 다르다. 인지의 변화를 통해 특정 동기가 형성되거나 소멸됨으로써 스트레스나 웰빙이 만들어질 수도 있고 사라질 수도 있다. 혹은 인지의 변화를 통해 특정 동기의 크기가 변화함으로써 스트레스나 웰빙의 크기와 빈도가 변화하게 된다.

먹기나 마시기 등 생명과 직결된 생물학적 동기는 인지에 의해 만들어지거나 소멸하는 경우가 많지 않다. 그러나 많은 심리적 동기는 인지에 의해 형성될 수도 있고 소멸할 수도 있다.

다음에서 보듯 인지는 기본적인 동기에서 여러 가지 동기들이 파생되는 데 중요한 역할을 한다.

부모의 사랑과 인정을 얻고자 하는 동기가 큰 자녀가 '부모님은 내가 공부를 잘해야만 사랑한다.'는 믿음을 갖게 되면 공부를 잘하고자 하는 동기가 형성된다. 좋은 회사에 취직하고자 하는 동기가 큰 대학생이 '영어를 잘해야 좋은 회사에 취직할 수 있다.'는 믿음을 갖게 되면 영어를 잘하고자 하는 동기가 형성된다.

사람들의 인정과 존중에 대한 동기가 큰 사람이 '값비싼 옷이나 가방을 입거나 들고 다녀야 사람들로부터 인정받고 존중받는다.'고 생각하게 되면 명품 옷이나 명품 가방을 갖고자 하는 동기가 형성된다. 어쩌면 이런 사람은 사람들이 명품을 소유한 사람에게 보이는 관심을 그 사람에 대한 인정과 존중으로 생각할 뿐, 사람들의 인정과 존중을 받는 다른 방법을 모를 수도 있다. 이럴 때는 생각에 변화가 오면 기존의 동기가 소멸하거나 약해질 수 있다.

'발표를 할 때는 항상 잘해야 하고 한 치의 실수도 있어서는 안 된다.'고 생각하면 발표를 잘하고자 하는 동기가 비현실적으로 클 것이다. 이런 경우에는 좋은 발표 성적을 얻고 싶다는 접근동기보다는 실수하고 싶지 않다는 회피동기가 더 클 것이다.

'사람들이 인정해주지 않거나 존중해주지 않는 상황이 매우 고통스럽다.'고 믿는 사람은 모든 사람들로부터 언제나 인정받고 존중받고자 할 정도로 인정과 존중의 동기가 매우 클 수밖에 없다. 이성으로부터 호감을 받고 싶은 동기가 있는 여성이 '남자들은 얌전한 여자를 좋아한다.'는 믿음을 갖고 있다면, 이 여성은 적어도 남자들 앞에서는 얌전하게 보이려는 동기를 갖게 된다.

비현실적이거나 과도한 동기를 가지고 있는 경우에는 동기좌절과 동기좌절예상의 가능성이 높고 그 크기도 클 수밖에 없다. 일반적으로 과도한 동기, 특히 과도한 회피동기가 병리적 문제를 많이 야기한다. 이러한 동기는 인지의 변화를 통해 소멸시키거나 약화시키는 것이 필요하다.

꺼진 동기-인지 vs 켜진 동기-인지
: 동기 및 인지의 활성화와 안-밖 합치도

스트레스와 웰빙이라는 동기의 상태가 존재하기 위해서는 우선 해당하는 동기가 있어야 하지만, 동기의 상태는 동기의 활성화 유무와도 관련된다.

날씬하고자 하는 동기가 없다면 자신의 뚱뚱한 외모로 인해 스트레스를 받지 않는다. 그러나 날씬하고자 하는 동기가 있고 뚱뚱한 외모를 가지고 있다고 해도 날씬하고자 하는 동기가 활성화되어 있지 않다면 스트레스를 경험하지는 않는다.

TV에서 예능 프로그램을 즐겁게 시청할 때 자신의 뚱뚱한 외모는 안중에도 없다. 외모로 인한 스트레스도 없다. 그러다가 예능 프로그램이 끝난 뒤 광고에서 책받침 같이 날씬한 외모의 모델이 나올 때 괴로워진다면, 모델을 보고서 갑자기 날씬하고자 하는 동기 및 관련된 인지가 활성화되어 좌절 상태의 불이 켜지고 지속되기 때문이다.

이러한 현상은 특정 경험의 구성과 관련된 안-밖 합치도의 차이를 반영하며, 밖-조건의 통제를 통해 마음의 상태를 통제할 수 있음을 보여준다.

꼬리에 꼬리를 무는 동기, 인지, 행동

우리의 행동은 동기와 인지에 의해 촉발되고 수행된다. 아울러 행동은 동기를 충족시키기 위한 가장 직접적인 수단으로 동기의 상태에 직접 영향을 준다. 또한 동기와 인지의 활성화를 설명하며 언급했듯이, 행동을 통한 환경의 선택은 우리가 무엇을 생각하고 무엇을 욕구할지에 영향을 주고, 그 결과 동기 상태의 결정에 기여한다.

4

닭이 먼저냐 달걀이 먼저냐
: 인지와 정서의 관계

앞에서도 언급했듯이, 동기 상태는 주관적으로는 정서로 경험되며 몸을 통해 신체 반응으로 나타난다. 스트레스인 동기좌절과 동기좌절예상의 동기 상태는 부정정서로 경험되고, 웰빙인 동기충족과 동기충족 예상의 동기 상태는 긍정정서로 경험된다.[12] 이렇게 정서는 동기 상태를 나타내므로 인지와 정서의 관계는 동기와 인지의 관계를 다룰 때 이미 포함된다고 할 수 있다. 다만 여기서는 인지와 정서의 관계에서 둘 간의 인과관계에 대한 논의를 다루고자 한다.

동기와 인지의 관계에서 동기 상태가 인지에 영향을 줄 수 있고, 인지 또한 동기 상태에 영향을 줄 수 있다고 하였다. 따라서 정서와 인지의 관계에서 정서가 인지에 영향을 줄 뿐만 아니라 인지도 정서에 영향을 줄 수 있다. 즉 부정정서는 부정적 인지의 활성화를 촉진하고 긍정적 인지의 활성화는 억제하며, 긍정정서는 긍정적 인지의 활성화를 촉진하고 부정적 인지의 활성화를 억제한다. 반대로 긍정적 인지는 긍정정서의 활성화를 촉진하고 부정정서의 활성화를 억제하며, 부정적 인지는 부정정서의 활성화를 촉진하고 긍정정서의 활성화를 억제한다.

심리학 연구에서는 정서가 인지에 영향을 준다는 연구와 인지가 정서에 영향을 준다는 연구가 공존하고 있는데, 동기와 인지의 관계에서 다루었듯이 실제로는 정서와 인지가 서로 영향을 준다고 보는 것이 적절하다.[13]

또한 인지와 정서의 관계를 다루는 많은 연구가 삶의 의미, 자존감, 주관적 웰빙 등을 포함해서 매개 관계를 다루는데, 이러한 개념들의 조작적 정의는 서로 중복되는 요소들을 포함하고 있다. 예를 들면 주관적 웰빙의 조작적 정의는 일반적으로 '삶의 만족'으로 측정되는 인지적 요소와, 긍정정서 및 부정정서로 측정되는 정서적 요소로 구성되므로 주관적 웰빙의 개념 안에 이미 인지와 정서가 혼입되어 있다. 따라서 심리학 개념들 간의 관계를 다룰 때는 조작적 정의들 간의 중복관계를 먼저 고려하는 것이 필요하다. 이러한 관점의 접근은 중요한 심리적 개념들에 대해 새로운 조작적 정의를 요구할 것으로 보인다.

5

연필을 이로 물면 웃음이 나온다
: 안-밖 합치도와 체화된 인지

우리의 생각은 몸을 떠나서 작용하지 않는다. 최근에는 체화된 인지(embodied cognition), 체화된 마음(embodied mind)이라고 해서 생각(인지)을 비롯한 욕구(동기), 감정(정서), 감각 등 우리 마음의 작용에서 몸, 그리고 몸을 둘러싼 물리적 및 사회문화적 환경의 중요성을 강조한다.[14]

컴퓨터를 이용해 인터넷이나 문서 편집, 통계 작업을 할 때, 밖의 온도가 영하 수십 도로 떨어지거나 영상 수십 도로 올라가지 않는 한 특별히 날씨의 영향을 받지 않고 잘 작동한다. 그러나 나는 날씨가 화창해서 햇빛이 눈부시도록 밝은 날과 짙은 구름으로 하늘이 덮여 햇빛을 볼 수 없는 날 생각의 작용이 다르고 기분이 달라진다. 영국 사람과 스페인 사람의 기질 차이는 상당 부분 날씨 때문일 것이다.

몸에 호르몬의 변화가 왕성한 사춘기 청소년은 생각도 달라진다. 그들은 위험에 대해서는 축소해서 평가하고 자신을 과시할 수 있는 일에서 얻을 수 있는 보상은 확대해서 생각한다. 여성들은 생리주기의 시점에 따라 생각과 기분이 달라지는 것을 잘 알 것이다. 우리는 배고플 때는 먹을 것만 생각하게 되고 추울 때는 몸을 따뜻하게 할 생각만 하게 된다. 어떤 사람은 조금만 배가 고파도 매우 까칠하고 비판적으로 된다. 우리는 '화장실 들어갈 때와 나올 때'가 다르다. 생리적으로 절박할 때와 편안할 때 생각이 다른 것이다. 이런 일은 컴퓨터의 정보처리에서는 결코 찾아볼 수 없는 현상이다.

코미디 만화가 얼마나 재미있는가에 대한 평가(마음의 작용)는 그 만화를 볼 때의 얼굴 모양(몸의 상태)에 따라 달라진다. 연필을 이로 물게 하고 만화를 보게 하면 연필을 입술로 물게 하고 볼 때보다 더 재미있다고 평가한다. 연필을 입술로 물 때와는 달리 이로 물면 웃는 얼굴이 된다. 얼굴 표정이 정보처리에 영향을 주는 것이다.

만원버스에서 자리를 잡고 가는 사람들과 서서 시달리며 가는 사람들에게 도시의 교통 사정에 대해 인터뷰한다면 그들의 평가는 사뭇 다를 것이다. 동일한 사람도 인터뷰한 시점에 자리에 앉아 있느냐 혹은 서 있느냐에 따라 다른 평가를 할 것이다.

평소에 좋아하는 사람을 봐도, 내가 그 사람에게 화가 난 상태에서는 그가 나에게 잘못한 기억만 나고 그의 단점에만 유독 집중하게 되어, 상대를 화나게 하거나 상처 줄 말이나 행동을 한다. 그러다가 마음이 풀리면 그 사람이 잘해준 기억, 장점 등이 떠오르고 앞서 화가 났을 때 했던 말과 행동을 후회한다.

이렇게 한 개인의 동기, 인지, 정서, 감각, 행동과 그의 환경은 매우 밀접한 상호작용을 한다. 걷기가 몸에 좋다는 인지는 건강하게 살고자 하는 동기와 연결되면서 걷기에 대한 동기를 형성하고 규칙적으로 걷기를 실행하게 한다. 둘레길이나 강변길을 걷게 되면 걷는 행위뿐만 아니라 햇빛을 포함해서 자연환경이 몸에 긍정적 자극을 주고(감각의 변화 수반) 동기, 인지, 정서에도 긍정적 영향을 준다. 한편 걷기를 좋아하는 사람들이 늘어나면 공공기관에서 걷기 좋은 길을 더 많이 조성하게 되고, 그 결과 더 많은 사람들이 걷기를 즐기게 된다.

길고양이의 삶에 대해 알게 됨으로써 길고양이를 돌보고자 하는 마음이 생겨 먹이도 주게 된다. 걸으면서 아파트 작은 숲 사이에 주의를 주는 버릇이 생기고 길고양이를 더 잘 발견하게 된다. 길고양이의 모습을 더 잘 볼수록 길고양이에 대한 애정도 증가하고 더 잘 돌보고 싶은 마음도 커진다.

우리가 어떤 환경을 선택하고 어떤 행동을 선택하는가 하는 것은 우리의 동기와 인지에 의해 인도를 받지만, 이러한 행동과 환경의 선택이 다시 우리의 동기와 인지에 영향을 주는 상호작용의 순환이 우리의 삶을 이뤄간다.

이렇게 볼 때 스트레스 구성의 안-밖 합치도를 낮추고 웰빙 구성의 안-밖 합치도를 높이는 데는 동기나 인지뿐만 아니라 행동을 통한 몸과 환경의 관리도 중요함을 알 수 있다. 또한 동기나 인지의 관리를 위해서도 행동을 통한 몸과 환경의 관리가 유용하다고 하겠다

무엇이 보이는가

제2부

마음은 스트레스 발전소

안-밖 합치도에서도 강조하듯이 스트레스든 웰빙이든 개인과 환경의 역동적 상호작용을 통해 만들어진다. 마치 발전소에서 전기를 생산하듯이 인간의 마음은 스트레스 또는 웰빙을 만들어낸다.

스트레스 받는다는 말을 일상적으로 사용하기는 하지만 스트레스는 물건처럼 주고받는 것이 아니다. 밖에서 주어지는 재료를 가지고 내 마음이 만들어내는 것이다.

동기상태이론에서 보았듯이 스트레스든 웰빙이든 동기가 있기 때문에 만들어진다. 2부에서는 먼저 스트레스를 만드는 데 기여하는 동기에 초점을 두었다. 동기는 태어날 때부터 주어지는 것도 있지만, 성장 과정에서 새롭게 생성되기도 하고 소멸하기도 한다. 이러한 동기의 생성과 소멸에 우리의 인지가 중요하게 작용한다. 또한 인지는 동기상태를 좌절이나 좌절예상의 스트레스로 만드는 데 깊게 관여한다.

인지가 동기의 생성과 소멸에, 그리고 동기 상태에 중요한 영향을 주므로 인지를 이해하고 인지적 변화와 행동의 변화를 통해 심리증상을 치료하고 스트레스를 관리하는 인지행동치료의 접근은 타당하다. 그러나 심리증상이나 스트레스의 구성에 동기가 핵심적으로 작용하며, 인지행동치료의 효과도 궁극적으로는 동기나 동기 상태의 변화를 통해 심리증상이나 스트레스의 소멸 내지 감소를 얻는 것이라는 점이 인지행동치료에서는 충분히 인식되지 않는 것으로 보인다. 동기인지행동치료는 심리증상이나 스트레스의 구성에서, 더 나아가 건강과 웰빙의 구성에서 동기, 인지, 그리고 동기와 인지의 상호작용을 중요하게 다룬다.

2부에서 동기와 인지가 스트레스를 만들어내는 기제에 대한 이해를 높이면 3부에서 다루는 동기와 인지의 관리를 이해하는 데 도움이 될 것이다.

6

스트레스의 씨앗
: 스트레스 만드는 동기

스트레스를 만드는 동기는 목표가 비현실적이거나 과도해서 충족이나 충족예상보다는 좌절이나 좌절예상을 만들기 쉽다. 이것이 문제가 되는 건, 자신이 지니고 있는 동기가 과도한 동기인 줄 모르고 일상생활에서 지속적으로 스트레스를 경험하는 사람들이 많기 때문이다.

비현실적이거나 과도한 동기는 바라는 바(즉 동기의 '목표' 요소)에 '늘' '항상' '언제나' '반드시' '절대로' 등이 포함된다. 즉 자신이 바라는 바가 시간상으로 예외 없이 충족되어야 한다는 것이다. 또 과도한 동기에는 '모든'이 포함된다. 자신이 바라는 바가 공간상으로 예외 없이 모든 대상에 대해 충족되어야 한다는 것이다. 동기의 목표가 이 정도로 극단적이지는 않을 수 있다. 그러나 비현실적이고 과도한 것은 정도의 문제이므로, 동기의 목표가 이러한 극단에 가까울수록 스트레스를 받는 빈도와 정도는 높아지고 커질 것이다.

비현실적이거나 과도한 동기는 다른 사람이나 세상에 대한 바람과 자기 자신에 대한 바람으로 나눠 볼 수 있다. 아울러 다른 사람이나 세상이든 자기 자신이든 지나간 과거가 다르기를 원하는 것은 결코 있을 수 없는 일인데도 그러한 비현실적 동기를 내려놓지 못해 지속적으로 스트레스를 받는 경우도 있다.

타인이나 세상에 대한 지나친 욕구

진정한 친구라면 내가 만나자고 할 때 언제나 나와야 한다.

이런 욕구를 갖는 사람의 동기를 충족시킬 수 있는 친구가 있을까? 이런 과도한 동기를 가지고 있으면 좌절을 피하기 어렵다. 잘 지내다가도 만나자고 할 때 나오지 못하는 일이 한두 번 일어나면 '이 친구도 진정한 친구가 아니다.'라고 생각하며 실망하고 멀어지게 된다. 혹은 '진정한 친구는 모든 면에서 속속들이 다 알아야 한다.'라는 생각을 갖는 사람은 친구에 대해 과도한 동기를 갖게 된다. 이런 사람은 친구에 관한 얘기 중 모르던 것을 다른 사람에게 들었을 때 친구에게 배신감을 느낀다.

부부관계를 원할 때 아내가 한 번이라도 거절하면 안 된다.

이런 욕구를 갖는 남편은, 아내가 자신이 원할 때 언제나 들어주기를 바라기 때문에 아내는 스트레스를 받을 수밖에 없을 것이다. 그러다 보면 아내는 부부관계 자체가 싫어질 수도 있고, 결국 남편의 동기는 좌절될 것이다. 아마도 이런 남편은 '부부관계를 원할 때 아내가 한 번이라도 거절하면 나를 사랑하는 것이 아니다.'라는 인지를 갖고 있는지도 모른다.

남편은 돈도 잘 벌고, 자녀 양육에도 적극 참여하고,
가사도 분담해야 한다.

이런 욕구를 갖는 아내는 남편에게 과도한 것을 바라고, 결국 동기가 충족되지 않아 남편과의 불화를 피하기 어렵다. 어쩌면 이런 아내는 '남편은 돈도 잘 벌고, 아이들과 잘 놀아주고, 아이 교육에도 관심을 보이고, 가사도 분담하고… 이 가운데 하나라도 제대로 하지 않으면 좋은 남편이 아니다.'라는 인지를 갖고 있을 수도 있다.

내가 고른 줄은 항상 최선의 줄이어야 한다.

이런 욕구를 갖는 사람에게는 동기충족이 아닌 동기좌절의 기회가 줄을 선다. 공항 출국심사대나 대형마트 계산대에서는 가장 빨리 사람이 빠지는 줄에 서야 하고, 화장실에서는 제일 먼저 볼일을 마치는 칸 앞에서 기다려야 하고, 지하철에 서서 갈 때는 바로 다음 정거장에서 내릴 사람 앞에 서야 하는데, 어쩌다 한 번이라면 몰라도 항상 그러기는 가능하지 않다.

아래 목록도 마찬가지로 비현실적이거나 과도한 동기의 예들이다.

- 손톱깎이는 항상 제자리에 있어야 한다.
- 약속은 결코 깨져서는 안 된다.
- 마을버스는 늘 제 시간에 와야 한다.
- 나는 절대 지하철을 놓쳐서는 안 된다.
- 엘리베이터 앞에 사람이 많아도 꼭 나까지는 탈 수 있어야 한다.
- 내 일은 언제나 내 의도대로 되어야 한다.
- 하얀 옷에는 절대로 국물이 튀어서는 안 된다.

위와 같은 절대적 당위의 동기를 가지고 있는 사람은 아마 없을 것이다. 실제로 그럴 것이다. 우리의 동기가 극단적으로 비현실적이고 과도한 경우는 드물다. 다만 정도가 더하고 덜하고의 차이가 있을 뿐이다.

그러나 찾는 물건이 금방 눈에 띄지 않을 때, 계산대에서 줄이 빨리 줄지 않을 때, 친구가 늦을 때, 마을버스를 오래 기다릴 때, 지하철이 코앞에서 떠날 때, 엘리베이터 줄이 내 앞에서 끊길 때, 내가 의도한 대로 일이 되지 않을 때, 하얀 옷 입었는데 김칫국물 튈 때 스트레스를 받는다면 당신도 이러한 동기를 가지고 있는 것이 분명하다. 다만 그 동기의 크기가 아주 크지는 않아서 약간의 스트레스를 받는 것이다. 만약 위와 같은 경우에 경험하는 스트레스가 대단히 크고 오래 지속된다면 그 동기가 과도하게 비현실적이라고 말할 수 있다.

자기에 대한 지나친 욕구

늘 사람들에게 관심을 받고 싶다.

사람들과의 모임에서 즐거운 마음이 들지 않고 집에 돌아와서도 왠지 우울하다면 자신이 모든 사람에게 언제나 관심의 중심이 되어야 한다는 과도한 동기를 갖고 있을지도 모른다. 이러한 동기는 충족되기 어렵고 결국 침울한 기분이라는 열매를 낳는다.

완벽한 엄마가 되어야 한다.

맞벌이하는 여성 중에는 직장에서도 '여자라서 어떻다'는 말을 안 듣기 위해 완벽하게 일을 하고, 살림도 잘하고, 아이도 잘 키우고, 집안 대소사도 다 챙겨야 한다며 스스로에게 과도한 짐을 지우는 경우가 있다. 이 모든 것을 완벽하게 해낼 수 있는 사람이 몇이나 될까? 이런 과도한 동기를 갖는 여성은 끊임없는 스트레스에 시달릴 수밖에 없을 것이다.

내 주변의 모든 사람에게 늘 인정받고 사랑받아야만 한다.

이러한 과도한 동기를 갖고 있으면 사소한 일에도 큰 스트레스를 경험한다. 예를 들어 길에서 아는 사람에게 인사를 했는데 그 사람이 인사를 받지 않고 그냥 지나갔다면 그 일을 두고 '왜 그랬을까.' '내가 뭘 잘못했나.' '도대체 나에게 어떻게 그럴 수가 있나.' '내가 그렇게 못났나.'와 같은 질문을 하루 종일 곱씹으며 스트레스를 생산한다.

사람들에게 물어보면 백이면 백 모두 자신은 그렇게 과도한 동기를 갖고 있지는 않다고 말할 것이다. 자기가 바라는 건 언제나 모두 이뤄져야 한다고 원하는 건 상식적으로 말이 되지 않는다고 생각할 것이다. 그러나 일상생활에서 스트레스를 경험할 때 자신의 마음을 가만히 들여다보면, 이렇게 비상식적인 과도한 동기를 갖고 있음을 알게 된다. 특히 동기가 좌절되었을 때 스트레스 경험이 크게 느껴지고 자꾸 반추하며 오래 지속된다면, 그 동기가 과도한 동기일 가능성이 높다.

과거가 달랐어야 한다는 착각
: 과거에 대한 소망 / 당위

대학 4학년이 되어서 지난 대학생활을 후회하며 다시 신입생으로 돌아갔으면 하고 바라거나, 막 놓쳐버린 지하철이나 버스를 바라보며 계속해서 자신이 조금 더 빨리 왔더라면 하고 바라거나, 말이나 행동의 실수를 하고는 다시 돌이키기를 바라거나, 결혼생활에 불만족해하는 사람이 다른 사람과 결혼했더라면 하고 바라거나, 그동안의 행동을 후회하며 신혼초로 돌아가서 다시 시작할 수 있다면 하고 바라거나, 노년에 그동안의 인생을 후회하며 다시 젊은 시절로 돌아가기를 바라는 등의 소망이 여기에 속한다.

자기 자신의 상태를 과거로 돌리고자 하는 사람들은 대개 현재의 모습에 불만족해하고 그동안의 자기 행동을 후회하면서 다시 과거의 상태로 돌아가서 새롭게 행동하기를 희망한다. 이러한 소망은 현실적으로 결코 이루어질 수 없다. 그럼에도 불구하고 현실적인 목표를 세우지도 않으면서, 이러한 소망을 깨끗이 버리지 못하고 자꾸 반추하게 되면 동기좌절의 스트레스가 지속되고, 이 스트레스가 다른 스트레스의 원인이 되면서 전체적인 스트레스의 크기가 증폭될 수밖에 없다.

다른 사람이나 세상의 과거와 관련해서 자신의 행동이 달랐기를 바라는 비현실적 동기도 있다. 여기에는 가까운 사람이 사고로 사망한 경우에 자신이 그 사고를 방지할 수 있었어야 했다거나, 주변 사람의 실책 혹은 잘못에 대해 자신이 그러지 않도록 지도할 수 있었어야 했다거나 하는 등의 당위적 바람이 포함된다. 이런 비현실적 동기를 내려놓지 못한다면 끝없는 자책과 죄책감으로 고통을 받게 된다.

과거의 다른 사람이나 세상에 대해 달랐기를 바라는 비현실적 동기를 갖는 경우처럼 분노와 원한의 불덩이를 계속 쥐고 있는 경우도 있다. 약속에 늦은 친구에 분개하며 그 친구가 약속에 늦지 말았어야 했다거나, 변심한 애인의 지난 행동들을 비난하며 원망을 쌓고 있거나, 주변 사람의 실책 혹은 잘못에 대해 그들이 그러지 말았어야 했다는 등의 당위적 생각을 곱씹으며 돌이킬 수 없는 과거의 상태가 달랐기를 요구하는 것이 여기에 속한다.

접근동기 vs 회피동기

동기의 목표 요인이 특정 상태에 도달하는 것은 접근동기고, 목표 요인이 특정 상태를 피하는 것은 회피동기다. 앞에서 동기는 '목표'(혹은 목표 상태)와 '목표를 획득 혹은 유지하고자 하는 소망 혹은 추동력'으로 이루어져 있다고 했다.

이렇게 볼 때 접근동기가 원하는 목표 상태가 정적으로 표현되는 상태라면, 회피동기는 목표 상태가 부적으로 표현되는 상태다. 예를 들면 질문에 답을 잘해서 교사의 칭찬을 받는 것이 목표 상태인 경우는 접근동기지만, 질문에 답을 못해서 교사의 야단을 맞지 않는 것이 목표 상태인 경우는 회피동기다. 밖으로는 동일하게 공부하는 행동으로 보이지만 내면에서 작용하는 동기는 다르다.

또 다른 예로는, 존중을 받고자 하는 동기는 접근동기지만, 무시를 받지 않는 것이 목표 상태인 경우는 회피동기다. 존중받고자 하는 동기는 과도하지만 않다면 웰빙의 원천이 될 수 있다. 그러나 무시받지 않고자 하는 동기는 약간만 높아도 사람을 만날 때마다 늘 무시의 징

후를 모니터링하며 피곤한 삶을 살게 된다. 또 조금이라도 무시의 징후가 탐지되면 그것 하나로 하루 종일 스트레스를 받는다. 어떤 사람은 사람들의 코웃음이나 '칫' 하는 소리에 민감하다. 그런 소리를 들으면 자신을 비웃는다고 생각하므로, 자신이 얘기를 할 때 주변 사람들이 피식 웃거나 하지는 않는지 예민하게 관찰한다. 일반적으로 회피동기가 클 경우 스트레스와 병리적으로 증상을 일으킬 확률이 높다.

7

스트레스 씨앗에 물 주기
: 스트레스 만드는 인지와 인지전략

앞에서 보았듯이 인지는 동기의 형성과 상태에 영향을 줌으로써 스트레스와 웰빙의 구성에 관여한다. 그렇다면 스트레스의 구성에 관여하는 인지는 무엇인가?

충족되기가 어렵거나 좌절되기가 쉬운 과도한 혹은 비현실적 동기를 가지고 있다면 웬만해서는 동기의 충족이 어려울 것이며 걸핏하면 좌절의 스트레스를 경험하게 될 것이다. 이러한 상황에서는 동기충족예상의 웰빙은 어렵고 동기좌절예상의 스트레스는 쉽게 형성된다.

충족되기가 어렵거나 좌절되기가 쉬운 과도한 혹은 비현실적 동기의 형성에 기여하는 인지, 또는 동기의 상태를 좌절 또는 좌절예상으로 인식하는 인지가 스트레스의 원인이 되는 인지다. 이러한 인지는 자기 자신과 세상에 대한 지식, 즉 서술적 지식에 속하는데, 대체로 사실적 지식보다는 판단적 지식이다.

'나는 A기업의 면접에 떨어졌다.'라는 사실에 대한 지식보다도 '나는 인생의 실패자다.'라는 판단이 더 큰 스트레스를 일으킨다. 왜냐하면 전자는 한 가지의 동기좌절이라는 스트레스를 일으키지만, 후자는 그것에 더해 수많은 영역에서도 동기좌절을 경험하게 될 것이라는 것을 내포하여 막대한 크기의 동기좌절예상이라는 스트레스를 만들기 때문이다. 만약 '면접에는 한 번에 붙는 경우가 거의 없다. 이번의 실패를 거울삼아 다음의 면접에 준비하면 된다.'라고 판단한다면 스트레스는 크지 않을 것이다.

'A가 인사를 받지 않고 지나갔다.'라는 사실에 대한 지식보다도 'A가 나를 무시한다.'라는 판단이 더 큰 동기좌절을 가져온다. 만약 'A가 잘못 봤나 보다.'라고 판단하거나 '무슨 일인지는 모르지만 A의 마음이 인사도 제대로 받지 못할 상태인가 보다.'라고 판단한다면 동기좌절은 거의 일어나지 않는다.

여기서 스트레스의 구성에 관여하는 판단은 현실과 일치하지 않는 비합리적이라는 측면에서 비합리적 인지(irrational cognition)라고 불린다. 한편 비합리적 인지 혹은 인지의 내용을 분석해 보면, 그것이 심리학에서 비합리적 인지전략(irrational cognitive strategies)이라고 부르는 일종의 사고방식에 의해 형성되는 것을 알 수 있다. 인지전략은 주어진 상황에 대한 판단을 만들어내는 일종의 절차적 지식에 해당한다. 반복해서 사용할수록 자동화되어 의식하지 못하는 사이에 작용한다. 어떤 떡 재료를 넣어도 똑같은 문양의 떡으로 찍어내는 떡살처럼, 특정 인지전략을 사용하는 사람은 일상의 경험에서 유사한 형식의 생각을 자주 한다.

물이 반 정도 들어 있고 반 정도 비어 있는 반 컵의 물을 보고 아직도 물이 반이나 남았다고 보는 사람과 벌써 반이나 줄었다고 보는 사람이 있다. 이들은 자신도 모르게 습관적으로 서로 다른 인지전략을 사용하고 있는 것이다.

인사를 안 받고 지나가는 A를 보고 'A가 나를 무시한다.'라고 판단하는 사람과 'A가 잘못 봤나 보다.'라고 판단하는 사람은 부지불식간에 다른 방식의 인지전략을 동원하고 있는 것이다.

요즘도 그런지 모르지만, 과거에는 여성을 비하하는 사고방식과 문화가 강했다. 예를 들면 아침에 길을 걸어가는데 앞에서 여성이 자신의 길을 가로질러 옆으로 지나가면 재수 없다고 생각하는 남자들이 있었다. 이들 가운데는 그 여자 쪽으로 가는 길을 바꿔 기어코 그 여자를 가로지른 다음 다시 자신이 가던 길로 가는 별스런 남자도 있었다. 이런 남자는 '아침에 걸어갈 때 여자가 가로질러 가면 재수 없다.'는 비합리적 인지 때문에 잠시지만 스트레스를 경험하고 그것을 해소하기 위해 불필요한 행동을 했던 것이다.

이와 같이 인지전략은 스트레스나 웰빙의 구성에 매우 중요한 역할을 한다. 심리학이나 심리치료에서는 스트레스의 구성에 관여하는 인지전략을 비합리적 인지전략이라고 부르는데, 대체로 흑백논리, 과일반화, 독심술사고, 확대와 축소의 4가지로 분류된다.

스트레스의 달인

동일한 상황에서도 유독 스트레스를 잘 경험하는 사람이 있다. 나는 이런 사람을 '스트레스의 달인'이라고 부른다.

TV에서 우리는 다양한 생활의 '달인'을 만난다.

파 썰기의 달인은 마치 드럼 스틱을 다루듯이 손목을 이용해서 칼을 매우 빠른 속도로 움직인다. 신기에 가까운 손놀림이다. 타이어 차기의 달인은 타이어를 발로 한 번 차서 원하는 위치에 정확하게 보낸다. 눈을 감고도 정확하게 세차를 하는 달인도 있고, 종이박스를 엄청나게 빠른 속도로 접는 달인도 있다.

모든 달인에게는 한 가지 공통점이 있다.

바로 무수한 반복을 통해 기술이 몸에 익었다는 것이다.

마찬가지로 보통 사람보다 스트레스를 잘 받는 사람은 스트레스를 만드는 사고방식, 즉 인지전략을 생활 속에서 무수히 반복하여 숙달된 상태다. 때문에 자신도 모르는 사이에 자동으로 스트레스의 인지전략을 사용한다.

지피지기(知彼知己)면 백전백승(百戰百勝)이라고 했다. 평소 나도 모르게 스트레스를 만들어내고 있는 인지전략을 알아야 그것들을 다룰 수 있다.

우리는 자기 자신과 세상을 알고자 하는 욕구를 가지고 있다. 나와 세상이 어떠한지를 알면 그것에 따라 내가 어떻게 행동해야 하는지를 알 수 있기 때문이다. 문제는 우리가 너무 쉽게 앎을 얻으려고 한다는 것이다. 그러다 보니 잘못된 지식을 얻게 되고 그 결과 스트레스를 경험하게 된다. 나와 세상이 단순하다면 요구되는 행동도 복잡할 필요가 없을 것이다. 흑백논리는 자신과 세상을 지나치게 단순하게 도식화하려는 시도이고 과일반화는 적은 사례로 전체의 특징을 규정하려는 시도이다. 이렇게 하는 것이 경제적으로 보일지는 모른다. 하지만 나와 세상은 그렇게 단순하지 않다. 부정확한 지식은 그에 따르는 스트레스를 만들어낸다.

8

스트레스를 만드는 생각 1
: 흑백논리

흑백논리는 이분법적 사고, 절대적 사고, 실무율적 사고라고도 한다. 일상생활에서는 '흑 아니면 백' '모 아니면 도'로 부르기도 한다. 중간은 없고 이것 아니면 저것이라는 사고방식으로, 모든 현상을 양극단의 범주 중 하나로 평가한다. 흑백논리는 선과 악, 성공과 실패, 존중과 경멸, 좋아함과 미워함, 훌륭한 것과 비천한 것, 아름다움과 추함, 친구 아니면 적 등 자기 자신과 세상을 이분법으로 도식화한다.

두 가지로 구분하지는 않더라도, 지나치게 적은 수의 구분만으로 현상을 구획 지으려는 태도(인지전략)도 흑백논리로 볼 수 있다. 많은 사회적 혹은 개인적 편견이 흑백논리에 바탕을 두고 있다.

흑백논리로 생각하게 되면, 다양한 측면을 갖는 자기 자신 혹은 세계(사람, 사물, 일, 사건, 상황 등)의 실재 혹은 현상을 양극단의 범주로 나눔으로써 현상을 왜곡한다. 실재 혹은 현상은 다면적인 특징을 가지며,

또 여러 요소들로 구성되어 있다. 흑백논리로 규정지으면 실재 혹은 현상을 왜곡하게 되어 스트레스를 유발할 수 있다.

특히 흑백논리가 완벽주의와 결합될 때 스트레스를 구성할 확률이 더 높아진다. 완벽주의에서는 완벽한 한 가지 상태(즉 '백')가 아니면 나머지는 모두 부족한(완벽하지 못한) 상태(즉 '흑')로 분류된다. 하나라도 '백'의 요소가 있으면 '백'이 되는 것이 아니라, 하나라도 '흑'의 요소가 있으면 싸잡아서 '흑'이 되는 것이다.

또한 흑백논리로 생각하면, 자기 자신을 포함해서 특정한 사람(개인, 집단), 행동, 사물, 일, 사건, 상황 등을 '백' 혹은 '흑'의 이원적 범주에 쉽게 집어넣는다. 그러면 부적절한(현실적이거나 합리적이지 못한) 우월감이나 열등감, 혹은 친밀감이나 적대감 등을 경험하게 되고, 그에 상응하는 행동을 하게 한다.

종교 근본주의, 일부 청소년들의 스타 숭배에서 볼 수 있듯이, 상대편에서 하면 무엇이든지 나쁜 것이라는 무조건적인 배타주의나, 자기편에서 하면 무엇이든지 좋은 것이라는 무조건적인 허용주의는 흑백논리에서 발생한다.

흑백논리의 인지전략은 당사자에게 스트레스를 일으킬 뿐 아니라, 사회 갈등을 유발하고 유지하고 증폭시키는 기능도 한다. 사회적 혹은 개인적 편견이나 고정관념의 대부분이 흑백논리에 바탕을 두고 정형화된 인지다.

스트레스를 구성하는 흑백논리의 예들을 보자.

성공 아니면 실패다.

매사에 성공 아니면 실패라고 생각하며 완벽주의의 성향까지 있으면 일을 추진하는 초반에는 열심히 최선을 다하게 하는 장점이 있다.

그러나 완벽주의와 흑백논리의 결합에는 커다란 단점이 있다. 일을 추진하다가 어쩌다 한 번만 실수를 해도 실패했다고 단정 짓고 모든 열의를 잃어버리는 경향이 있기 때문이다. 설상가상으로 완벽주의에서 추구하던 '백'의 행동과 정반대인 '흑'의 행동을 자포자기적으로 하는 경우도 많이 일어난다.

다이어트를 몇 주째 잘하다가도 하룻밤 야식의 유혹을 물리치지 못한 일이 일어나면 다이어트에 실패했다고 규정짓고, 그 후 폭식으로 치닫게 되는 경우가 많다.

금연을 잘하다가도 술자리에서 단 한 모금의 담배만 피우게 되어도 금연에 실패했다고 단정 짓고, 줄담배로 돌입하는 사람들을 많이 볼 수 있다.

술을 마실 때도 흑백논리에 빠져 있는 사람들은 끝을 볼 것이 아니면 아예 마시지 않고, 마시게 되면 죽도록 마신다.

학기 초에는 잘해보겠다는 꿈에 부풀어 뭐든지 완벽하게 한다. 책도 미리 읽어가고 준비물도 꼼꼼히 챙긴다. 그러나 어쩌다 한 번 수업에 빠진 다음에는 그 완벽주의가 와르르 무너져 실패한 느낌에서 헤어나지를 못한다.

흑백논리에 빠져 있는 완벽주의자들은 병원의 처방을 따를 때도 문제가 있다. 이들은 누구보다 열심히 처방을 잘 따르다가 한 번이라도 제대로 지키지 못하면 처방을 지키지 못한 것으로 판단하여 그 후로는 처방을 아예 따르지 않는다.

이렇다 보니 흑백논리에 빠져 있는 완벽주의자들은 애초에 목표를 세우고 시작하는 데 어려움을 겪기도 한다. 리포트를 잘 쓸 수 없으면 아예 시작도 하지 않는다. 장학금 못 탈 바에는 굳이 공부를 열심히 할 필요가 없다고 생각한다. 시험 범위를 모두 공부하지 못할 것 같으면 아예 공부를 안 한다. 수업시간에 지각할 것 같으면 결석을 해버린다.

성공한 자 아니면 실패한 자다.

어떤 사람이 성공한 사람일까?

엄격한 성공의 조건을 두고 그것에 하나라도 미치지 못하면 실패자라고 생각한다면 삶은 매우 피곤할 것이다. 마찬가지로 실패자의 조건을 많이 열거하고 그중에 하나라도 해당하면 실패자라고 생각한다면 열등감에서 헤어나기 어려울 것이다.

삶은 성공 아니면 실패로 규정지을 수 없는 풍성한 내용을 담고 있다. 설사 성공 아니면 실패로 삶을 단정 짓는다고 해도 세상에는 성공과 실패의 잣대를 댈 수 있는 수많은 영역이 있다. 한 가지 영역에서라도 성공하지 못하면 인생의 실패자라고 여기는 사람은 스트레스의 달인이 될 수밖에 없다.

사람들을 대할 때도 승자 아니면 패배자라는 이분법적 잣대만 들이대며, 전자는 존경과 경외로 후자는 멸시와 환멸로 대하는 건 성숙한 자세라고 볼 수 없다. 사람들과의 관계에서 갈등과 적대감을 피하기 어려울 것이다.

여담 한마디. 방송에서 한 여대생이 남자 키가 180cm가 안 되면 루저(loser: 실패자, 패배자, 낙오자)라고 해서 한동안 한국 사회가 들끓었다. 인터넷에 키 작은 위인들이 열거된 것은 물론이다. 예수는 153cm였고, 철학자 볼테르는 160cm였고, 세계적 화가 피카소는 162.5cm였고, 구소련의 우주인 유리 가가린은 157.4cm였고, 중국을 개방시킨 덩샤오핑은 152.4cm였다는 것이다. 재밌는 패러디도 등장했다. 키 180cm 미만이 루저라면, 예수는 할렐루저, 마틴 루터 킹은 마틴 루저 킹, 할리우드 스타 톰 크루즈는 톰 크루저, 축구 선수 웨인 루니는 웨인 루저 등으로 불러야 한다는 것이었다.

좋은 사람 아니면 나쁜 놈이다.

'도덕적이지 않다면 비도덕적이다.'라는 사고방식도 여기에 해당한다. 우리는 종종 사람을 평가할 때 열 가지 훌륭한 점을 지니고 있어도 한 가지라도 나쁜 점이 발견되면 나쁜 사람, 비도덕적인 사람, 비열한 사람으로 분류하는 경향이 있다.

사람을 평가할 때 완벽주의의 흑백논리 잣대를 들이대면 좋은 사람, 도덕적인 사람은 찾을 수 없다. 함께할 수 있는 친구, 선배, 동료, 후배도 남아나지 않을 것이다.

세상 사람은 내 편 아니면 다른 편이다.

'나를 좋아하는 것이 아니면 나를 미워하는 것이다.'라는 사고방식도 여기에 해당한다. 이러한 사고방식을 갖는다면, 내 편이 아닌 대부분의 중립적인 사람들을 잠재적인 적으로 대하게 된다. 또한 나를 좋아하지도 싫어하지도 않는 많은 사람들을 나를 싫어하는 사람으로 바라보게 된다. 대인관계에서 많은 갈등과 적대감을 불러일으킬 것이다.

게다가 사람을 대할 때 완벽주의의 흑백논리 잣대를 들이대면 상대가 한 가지만 서운하게 하는 일이 있어도 그 사람은 나를 싫어하는 사람이라고 여기게 될 것이다.

'A가 내 앞에서 B를 칭찬하는 것은 A가 내 편이 아니고 B의 편이라는 것을 뜻한다.' 혹은 '나를 보고 반가워하지 않으면 나를 싫어하는 것이다.'라고 생각하는 사람은 완벽주의의 흑백논리를 사용하고 있는 것이다.

이와 같이 완벽주의의 흑백논리를 사용하게 되면 중립적인 사람을 싫은 사람으로 만들고, 나중에 친구로 돌아올 사람도 영구적인 적으로 남게 한다. 결국 내 편은 아무도 남아 있지 않게 되고 도처에 싫은 사람들과 적들로 넘쳐날 것이다.

완벽주의의 흑백논리를 많이 사용하는 사람은 연애를 하면서도 애인이 사랑한다는 표현을 하지 않거나 바빠서 만나주지 않으면 자신에게 싫증났다, 사랑이 식었다, 자신을 싫어한다고 생각한다.

만약에 본인이 대인관계에서 쉽게 서운해하고 쉽게 적개심을 느낀다면, 아주 심하지는 않더라도 자신도 모르게 완벽주의의 흑백논리에 기우는 사고방식을 하고 있지는 않은지 돌아볼 일이다.

유능하지 않으면 무능한 것이다.

자신이 특별히 유능하지 않다고 해서 스스로를 무능하다고 생각하는 사람은 열등의식으로 주눅 들어 살게 된다.

남편이 뛰어나게 유능하지 않다고 생각하는 아내는 남편을 무능하다고 무시하고 갈등을 일으킬 수 있다. 자녀가 1등을 하지 않는 한 공부를 못한다고 생각하는 부모는 자녀를 긴장과 위축 속에 살게 하기 쉽다.

예쁘지 않다면 못생긴 것이다.

뛰어난 미인은 아니지만 그렇다고 못생긴 것은 아닌데 스스로를 못생겼다고 생각하는 사람은 흑백논리의 사고를 하고 있는 것이다. 이런 생각을 하면 늘 열등의식의 스트레스를 경험하게 된다.

9

스트레스를 만드는 생각 2
: 과일반화

특정한 경험으로부터 얻은 결론을 관련된 상황에 적용하는 것을 일반화라 한다. 이는 적절한 인지전략으로 학습에서 중요한 요소이기도 하다. 그러한 일반화가 충분한 증거나 논리가 부족한 상태에서 과도하게 이루어지는 것을 과일반화라 일컫는다. 과일반화는 일부 경험(직접경험뿐만 아니라 간접경험도 포함) 혹은 거기서 얻은 결론을 가지고 무리하게 혹은 성급하게 전체에 적용하는 사고방식을 말한다.

과일반화는 자기 자신에 대한 과일반화와 세상(다른 사람 포함)에 대한 과일반화로 구분할 수도 있다. 충분하지 않은 사례를 근거로 과일반화를 통해 자기 자신에 대해 부정적인 결론을 내린다면 불필요한 열등의식이나 자격지심으로 삶이 위축되거나 경직될 것이다.

세상에 대한 과일반화를 통해 세상을 과도하게 부정적 혹은 염세적으로 바라보면 삶이 제한되고 대인관계에서 갈등이 발생하기 쉽다.

인종이나 국가에 대한 선입견, 우리 사회에 만연한 학벌이나 출신 지역에 대한 고정관념도 과일반화에 속한다. 기본적으로 수많은 사람들로 구성되는 큰 집단의 사람들을 한두 가지의 특징으로 규정짓는 것은 부정확하기 쉽고 많은 갈등의 원인이 된다.

스트레스를 구성하는 과일반화로는 다음과 같은 것들이 있다.

첫 번째 과목 시험을 망치면 나머지 시험 모두 망칠 것이다.

우리는 모든 일이 정해진 바에 따라 움직인다고 믿는 경향이 있다. 중간시험이든 기말시험이든 자신이 그 시험을 어떻게 볼지가 미리 정해져 있어서 시험의 앞부분을 보면 뒷부분도 알 수 있다고 믿는 것이다. 결코 합리적이지 않은 비합리적 인지전략이다.

징크스에 대한 이야기들에서 확인되는 것처럼, 특정한 시기의 한 가지 일을 가지고 과거에도 그랬으니 미래에도 그럴 것이라고 생각하는 과일반화의 사고방식은 우리의 사고방식에 깊이 침투해 있다.

참고로 이러한 사고방식은 흑백논리와도 관련이 있다. 특히 '완벽주의의 흑백논리'를 사용하는 사람은 시험을 한 과목만 망쳐도 전체 시험을 망친 것으로 본다. 사실 흑백논리를 자주 사용하는 사람은 과일반화도 자주 하는 경향이 있다.

과일반화는 일상에서 다음과 같이 나타난다.

- 시험공부를 열심히 했지만, 첫 문제로 모르는 문제가 나왔다. 이

번 시험은 망쳤구나.

- 지난번 면접에도 실패했고 이번 면접도 불합격했다. 다음 면접도 잘못 볼 것 같다.
- 아침에 버스를 놓치면 그날 하루는 재수 없다.
- 아침에 접시를 깼으니 하루 종일 되는 일이 없겠다.
- 내가 볼 때마다 국가대표 팀이 경기에서 졌다. 그러니 대표 팀의 승리를 위해 TV를 끄겠다.

과일반화가 심한 경우에는 일정한 기간 동안만이 아니라 삶 전반에 걸쳐 부정적인 결론을 내리기도 한다. 특히 우울한 사람들은 이런 사고방식의 경향이 강하다.

- 열심히 준비했는데 면접에 떨어졌다. 이러다가 백수가 될지도 모른다. 직장을 얻지 못해 결혼도 못하게 될 것이고 인생 낙오자가 될 것이다.
- 시험을 망쳤다. 나는 바보가 틀림없다. 난 왜 이렇게 쓸모없는 인간으로 태어났을까?
- 소개팅에서 거절당했다. 나는 역시 매력이라곤 없는 인간이다. 이렇게 평생 싱글로 늙어 죽을 것이다.
- 점수가 모자라 이류 대학에 들어갔다. 내 인생은 결코 일류가 되지 못할 것이다.

- 첫 시험 과목을 망쳤다. 이번 기말고사는 가망이 없다(시간적 과일반화). 그뿐 아니다. 나는 아예 공부에 재능이 없다(공간적 일반화).
- 직장상사에게 잘못을 지적당했다. 나는 무능하다.

이처럼 한두 가지 부정적 사례를 가지고 과일반화하여 자신의 운명 전체를 부정적으로 규정하면 심각한 스트레스의 늪에서 빠져나오지 못하게 된다.

주변 사람의 행동에 대해 부정적으로 과일반화하면 대인관계에서 소통이 어려워지고 스트레스를 만들어내기 쉽다. 과일반화에는 동기좌절이 다른 많은 영역에서도 일어난다는 것이 내포되므로 동기좌절이 증폭되고, 앞으로도 그럴 것이라는 예상도 분명하게 포함되므로 증폭된 동기좌절예상이 추가되어 더 큰 스트레스가 생겨난다.

다음 예들을 보자.

- "너는 왜 맨날 그런 식이냐!"
- "당신은 왜 허구한 날 술만 먹고 다녀!"
- "당신은 왜 모든 걸 삐딱하게 봐!"
- "너는 왜 맨날 TV 아니면 게임이냐!"
- "왜 항상 내가 샤워할 때만 더운물이 안 나오는 거야!"
- 직장상사/선배/교수로부터 야단을 맞고 그가 자기를 싫어할 것이라고 생각한다. 그 후로 그와 상호작용할 때 주눅 들거나 거부

감을 가지고 대한다.

- 부하직원/후배/학생이 기대에 못 미치는 행동을 보이면 그를 무능하거나 인간성에 문제가 있다고 판단한다. 그 후로 그 사람과 상호작용할 때 거리를 두거나 선입견을 가지고 대한다.
- (아버지가 자식에게) "네가 영어도 이런데, 일본어라고 잘하겠냐? 일찌감치 다른 거 할 생각이나 해봐. 내가 볼 때 넌 안 된다, 안 돼! 그리고 일본어를 1년씩 배웠다는 놈이 아직도 변변한 자격증 하나 없으니, 일본어 공부한다고 어디 가서 말이나 하겠냐!"
- (버스에서 누가 밀고 미안하다는 말을 하지 않을 경우) "요즘 세상 사람들은 다 무례해."
- 모임 등에서 사람을 처음 만났을 때 그 사람과의 자리가 왠지 불편했다면 그 사람과 나는 맞지 않는 타입이라 생각하고 늘 벽을 두고 대한다.
- 친구에게 한 번 부탁했는데 거절당하자, 그 친구가 자기를 멀리한다고 단정 짓는다. (혹은 더 심각한 과일반화를 하면) 사람들은 모두 자기중심적이고 이기적이라고 생각한다.
- 범죄에 관한 뉴스를 접하고 세상은 믿을 수 없고 불안하다고 생각한다.

10

스트레스를 만드는 생각 3
: 독심술사고

독심술사고는 현실적이고 객관적인 증거를 별로 고려하지 않고 다른 사람의 마음을 자신이 아는 것처럼 생각하고 판단하는 사고방식을 말한다. 자신의 판단을 지지하는 증거가 없고, 또 주변 정황이 그 판단과 배치되는데도 불구하고 독심술사고를 하는 경우도 있다.

독심술사고에는 앞에서 다룬 흑백논리와 과일반화가 작용하는 경우가 많다. 독심술사고가 다른 비합리적 인지전략과 구분되는 것은 다른 사람과의 관계에서 그 사람의 마음에 대한 추론이라는 점이다.

참고로 자아방어기제 가운데 투사(projection)가 독심술사고에 속하는 것으로 볼 수 있으며, 외부적 상황에 귀인해야 할 것을 내부적 특성에 귀인하는 근본귀인오류(fundamental attribution error)도 독심술사고의 일종으로 볼 수 있다.

부정적 독심술사고에는 주로 피해의식 혹은 피해망상적인 사고가 많다. 즉 상대방의 표정이나 행동을 근거로 그가 자신을 무시하거나 싫어한다고 자의적으로 판단하여 스트레스를 받는다. 이런 사례는 아래에서도 볼 수 있듯이 사람들에게 만연해 있다.

- 버스나 지하철에서 누군가 나를 쳐다보고 있으면 '내가 못생겨서 쳐다보나.' 하는 생각이 들기도 한다.
- 두 사람 이상이 한쪽에서 자기에게 들리지 않게 이야기를 나눌 때, 특히 서로 웃으면서 하는 경우에, 그들이 자기를 비웃는다고 생각한다.
- 문자를 보냈는데 답장이 금방 오지 않으면 상대가 나를 싫어한다는 생각이 든다.
- 내가 이야기를 할 때 애들이 피식 웃으면 눈여겨보곤 한다. 내가 제일 싫어하는 건 코웃음이나 '칫' 하는 소리다. 왠지 비웃음을 당한다는 느낌을 받는다.
- '이런 한심한 일을 저질렀으니 사람들이 날 한심하게 보겠지? 다음부턴 날 무시하겠지?'
- '약속에 늦었으니 친구는 지금 나와 함께 다니는 게 싫을 거야.'
- 사무실에 들어오니 갑자기 조용해졌다. '혹시 사람들이 내 흉을 보고 있었던 것은 아닐까?'
- 애인과 싸우고서 '내가 싫어져서 싸움을 걸었을 거야. 헤어지자는 말을 먼저 하기 싫어서 내가 먼저 말하길 바랄 거야.'라고 생

각한다.

- 여러 사람들 앞에서 발표를 하고 나서 '다른 사람들이 나를 모자라다고 생각할 거야. 저걸 발표라고 하냐고 생각하고 있을 거야.'라고 생각한다.
- '지금은 나를 좋아한다고 말하지만 마음속으로는 첫사랑을 잊지 못하고 있어.'
- '친구들이 말은 안 해도 내 염색한 머리를 이상하다고 생각하고 있을 거야.'

11

스트레스를 만드는 생각 4
: 확대 - 축소

확대 - 축소는 어떤 현상의 중요성이나 정도를 심하게 왜곡하여 평가하는 것으로, 한 측면은 확대하고 다른 측면은 축소하는 사고방식을 말한다. 기억이나 추론 등에서도 특정한 기억이나 추론을 더 많이 하고 다른 기억이나 추론은 더 적게 한다면 이것도 역시 확대 - 축소의 인지전략에 속하는 것으로 볼 수 있다.

확대 - 축소는 '선택적 주의'와 관련이 있고 선택적 주의는 인간 정보처리의 용량제한성과 관련이 있다. 우리의 의식을 무대에 비유하면, 의식의 무대는 좁아서 한 번에 장치를 할 수 있는 사물 수나 들어올 수 있는 사람 수가 제한되어 있다. 이런 의식의 무대를 작업기억(working memory) 또는 단기기억이라고도 하는데 심리학에서는 그 크기가 7±2라고 한다.[15] 7개 정도의 정보 단위가 들어오면 더 들어올 수 없는 것이다. 따라서 정보처리에서 선택적 주의는 매우 중요하다.

이러한 정보처리의 용량제한성 때문에, 주변세계를 처리할 때 한 번에 처리할 수 있는 정보량에는 제한이 있다. 주어진 환경에서 모든 정보에 주의를 주지 못하고 선택해서 줄 수밖에 없다. 자신의 기억을 돌아볼 때도 장기기억에 있는 과거의 기억 중 일부만을 선택해서 회상하는 수밖에 없다. 이때 선택받은 부분은 더 많이 더 오래 처리되는 등 '확대'되고 선택받지 못한 부분은 자연히 '축소'될 수밖에 없다.

문제는 주어진 환경에서 스트레스를 구성하기 쉬운 방식으로 확대-축소를 하는 것이다. 현재 상황에서도 부정적인 부분에 주로 주의를 주며 전전긍긍하고, 과거를 회상할 때는 부정적인 기억을 주로 떠올리며 후회와 자책을 하며, 미래에 대해서도 부정적인 결과의 가능성만을 골라서 생각하며 걱정을 한다. 이런 경우 인간 정보처리의 용량제한성으로 인해 긍정적인 부분은 의식의 무대에 자리를 잡을 수 없다.

확대-축소의 인지전략은 앞에서 다룬 기분일치성효과와도 관련이 있다. 기분일치성효과로 인해 부정적 정보의 처리가 부정적 정서를 유발하고 이것이 다시 부정적 정보처리를 일으키는 방식으로 서로 정적(positive) 피드백을 주고받으며 확대-축소의 경향을 키운다.

확대-축소 중 현상의 부정적인 측면에만 초점을 두고 그것을 확대하여 평가하거나 그로 인해 미래에 부정적인 결과가 올 것으로 예상하는 사고방식을 재앙화 또는 파국적 사고라고 부르기도 한다. 이러한 사고방식은 스트레스, 우울 등과 높은 상관을 보이는 것으로 보고되고 있다. 또한 자신이 경험하는 통증을 재앙화의 인지전략으로 해석하는 사람은 대처 수준이 낮고 스트레스 수준이 높은 것으로 보고되고 있다.

스트레스를 구성하는 확대 - 축소로는 다음과 같은 것이 있다.

- 중 · 고등학교 시험 때에도 한두 문제 틀린 것 때문에 하루 종일 기분이 나빠 신경질을 내곤 했다. 대학교에 와서도 대여섯 문제 중에 하나라도 못 쓰면 어느덧 재수강을 생각하며 기분이 나빠진다.
- 집에 프린터가 없어 발표물을 출력하지 못했을 때, 밤새 잠을 설쳤다. 다음날 학교 앞 인쇄소가 문을 닫을 수도 있고, 자료를 저장한 USB가 고장 날 수도 있다는 걱정 때문이었다.
- 자신의 보고서에서 잘한 점은 과소평가하고 잘못된 점은 확대해서 자꾸 생각하며 괴로워하고 걱정한다.
- 외모가 뛰어나지는 않지만 성격이 좋다는 말을 듣고 부정적인 평가에만 신경 쓰며 괴로워한다.
- 발표 자리에서 누군가의 질문에 잠시 머뭇거렸다. 발표 후 그 생각이 자꾸 나서 내내 속상해한다.
- SNS에 올린 글이 마음에 들지 않을 때 '이렇게 쓸 걸, 저렇게 쓸 걸.' 하며 자꾸 마음에 들지 않는 글만 생각한다.
- 어쩌다가 친구를 보고도 아는 체를 못하고 지나치게 되면, 그 일 때문에 친구와 사이가 벌어질 거라는 걱정에 휩싸이게 된다.

• 누군가 나에 대해 많은 칭찬을 하더라도 그가 말한 나의 단점 하나 때문에 그 사람을 대할 때 늘 신경이 쓰인다.
• 사람을 대할 때 그가 나에게 잘해준 것은 떠오르지 않고 나를 기분 나쁘게 했던 것만을 곱씹는다.

확대-축소는 반추(rumination)와도 밀접하다. 부정적인 면에 주의를 줌으로써 그렇지 않은 부분에는 주의를 적게 주는 것이 확대-축소라면, 부정적인 면에 반복적으로 주의를 주고 생각하는 것은 반추다. 반추는 스트레스를 만들어낼 뿐만 아니라 스트레스를 지속시키고 증폭시키는 주범이다. 우울한 기분이 더욱 우울해지고, 누군가에게 화가 난 경우에는 점점 더 화가 난다. '생각할수록 화가 난다.'는 말은 바로 반추의 폐해를 잘 드러내는 말이다. 미래에 대한 걱정 역시 반추할수록 더욱 불안해질 것이다. 이렇게 부정적인 생각을 반복하고 있을 때 다른 긍정적인 부분들은 우리 마음의 무대에서 무시되고 축소되며 다뤄지지 않기 때문이다.[16]

앞에서 다룬 흑백논리도 인간 정보처리의 제한성으로 인한 선택적 주의와 관련이 있다. 가급적 적은 범주로 자기 자신과 세계를 분류하려고 하는 흑백논리의 경향성은 자신이 가지고 있는 흑백의 구조에 맞춰서 주어진 상황을 이해하려고 한다. 이 과정에서 기존의 흑백구조를 지지하는 정보는 확대하고 그렇지 않은 정보는 축소하게 된다. 그 결과 기존의 흑백구조가 더욱 공고해진다.

위에서 다룬 과일반화의 경우에도 선택적 주의와 기분일치성효과의 영향을 받는 측면이 있다. 인간 정보처리의 제한성으로 인해 특정한 정보를 확대해서 처리하고 다른 정보는 축소해서 처리하면 과일반화가 일어나기 쉽다. 부정적인 정보에 선택적으로 주의를 많이 주면 작업기억이 부정적 정보들로 꽉 채워져 부정적인 일반화를 하게 된다. 이는 결국 다양한 정보를 고려하지 못하고 편중된 정보만으로 결론을 내렸기 때문에 현실을 제대로 반영하지 못하는 과일반화가 된다. 특정한 상황에서 의식의 무대가 7개 정도의 부정적인 것으로 채워지면 자신은 못난 사람이 되고, 상대는 못된 사람이 되며, 상황은 어두운 잿빛 세상이 되는 것이다.

● 아버지가 나를 꾸짖으실 때면 그것을 확대하고 아버지의 사랑을 축소한다.

위와 같이 확대-축소를 하다 보면 '아버지는 맨날 나만 혼내신다.' '아버지는 나를 미워하신다.' 등의 과일반화를 하게 될 수 있다. 배우자, 자녀, 친구, 직장상사 등 많은 인간관계에서 부정적인 확대-축소는 부정적인 과일반화를 만들어내는 경향이 있다.

후회는 후회를 낳고…

수없이 많은 황금 잎이 떠내려 오는 냇가에서 제한된 시간 동안만 황금 잎을 건져 갈 수 있다고 하자. 이 상황에서 자신의 부주의나 옆 사람의 방해로 자기 앞으로 오던 황금 잎 하나를 놓쳤을 때, 이미 흘러간 황금 잎을 돌아보고 안타까워하고 그것을 놓친 데 대한 자신의 부주의를 자책하거나 옆 사람의 과실을 원망하고 있다면, 그 순간에도 계속해서 떠내려 오고 있는 많은 황금 잎을 그냥 흘려보내게 된다.

이렇게 되면 첫 번째 놓친 황금 잎에 대한 집착으로 인해 또 다시 놓치게 된 다른 황금 잎에 대해서까지도 첫 번째 황금 잎을 놓친 자신의 부주의나 옆 사람의 과실 때문이라고 자책하거나 원망하게 되고, 이러한 자책과 원망은 주어진 시간이 끝날 때까지 눈덩이처럼 커져 간다.

자기 자신 혹은 다른 사람의 선택에 따른 부정적인 결과에 대해 후회 또는 원망이라는 선택을 하는 사람은 놓쳐버린 황금 잎에 집착하는 사람과 같다고 할 것이다.[17]

12

왜 비합리적 인지전략을 사용할까

비합리적 인지전략이 스트레스를 가져올 수 있음에도 불구하고 계속 사용되는 이유는 무엇일까? 마음으로 하는 행동이든 몸으로 하는 행동이든 어떤 이득, 즉 강화(reinforcement)가 없다면 유지되지 않는다는 학습심리학의 입장에서는 스트레스를 만들어내는 비합리적 인지전략이 유지되는 이유를 이해할 수 없을 것이다. 그러나 아래에서 보듯이, 비합리적 인지전략은 적어도 국지적으로는 강화를 가져온다. 또한 비합리적 인지전략과 합리적 인지전략은 명확히 구분되지도 않는다.

합리적 인지전략일까, 비합리적 인지전략일까

앞에서 다룬 4가지 비합리적 인지전략은 각각 합리적 인지전략과 관련되어 있어서 서로의 구분이 어려우며, 이것이 비합리적 인지전략이 지속되는 이유의 하나가 된다.

먼저 흑백논리는, 다양한 현상을 보다 적은 범주로 나누어 정보처리에 효율을 기하는 '범주화'의 인지전략에 바탕을 두고 있다. 단지 이러한 범주화가 지나쳐서 흑백논리가 되는 것이다. 범주화는 환경에 적절하게 적응하기 위해서 필요한 정보처리 전략이다. 주변 환경과 경험을 몇 가지 범주로 분류하는 정보처리를 하지 않는다면, 우리는 정보의 홍수에 빠져 제대로 환경에 적응하지 못할 것이다.

또한 인간은 미결정 상태를 잘 견디지 못하는 경향이 있다. 이것이든 저것이든 결정이 나야 그에 따른 행동을 할 수 있으므로, 결정이 나지 않으면 환경에 적응하기가 어려워진다. 이것이 범주화의 압력으로 작용한다.

문제는 범주화가 적절하지 않게 사용될 때 일어난다. 이것 아니면 저것으로 구분하는 흑백논리처럼 범주화를 극단까지 밀어붙일 때도 있고, 그 수준까지는 아니더라도 지나치게 적은 수의 범주로 현상을 분류하여 상황을 사실대로 파악하지 못할 때도 있다. 사실 상황에 따라 적절한 범주화의 정도가 변화하므로, 어디까지가 적절한 범주화이고 어디부터가 부적절한 범주화인지 구분하기가 어려울 수 있다.

과일반화란 '일반화'가 지나친 경우인데, 일반화는 정상적인 학습에 필수적인 인지전략이다. 그러나 범주화와 마찬가지로 어디까지가 적절한 일반화이고 어디부터가 지나친 일반화, 즉 과일반화인지를 구분하는 경계가 모호할 수 있다.

독심술사고 역시 일상생활에서 필요한 기능 중의 하나다. 다른 사람의 마음 상태나 주관적 경험을 일일이 객관적인 증거를 통해 확인하는 것은 사실상 불가능하다. 또 그런 시도가 부적절할 때도 많다. 일상생활에서 알아서 상대의 마음을 배려하는 것은 적절한 대인관계에 필요한 기능이다. 또한 사회생활을 하다 보면, 드러내려고 하지 않는 상대의 마음을 읽어야 하는 경우도 많이 있다. 이와 같이 객관적으로 드러난 자료를 가지고 상대의 마음을 알아내는 '마음추론' 인지전략은 일상생활에서 필요한 기능이다.

하지만 상대의 마음을 알아내기 위해 동원하는 자료의 객관성, 충분성, 신뢰성 등을 확인하기란 어려운 일이다. 이에 따라 어디까지가 적절한 마음추론이고 어디부터가 부적절한 독심술사고인지 구분하기도 쉽지 않다. 때로는 충분한 자료를 동원하지 않고도 우연히 상대의 마음을 바로 맞히기도 한다. 예를 들면 독심술사고로 짚어서 얘기했는데 상대방으로부터 "어떻게 알았어? 귀신이네!" "너 참 눈치가 빠르다!" 등의 얘기를 듣는 것이다. 이런 반응의 결과 독심술사고는 강화를 받을 수 있다.

확대-축소는 주어진 상황이나 경험에서 불필요한 부분은 무시하고 필요한 부분에 초점을 두는 합리적인 '선택적 주의'의 인지전략과 관련이 된다. 당연히 이러한 인지전략은 정상적인 학습을 위해서 필요하다.

예를 들어 종소리와 함께 개에게 먹이를 주는 파블로프(Pavlov)의 조건반사실험에서, 개에게 주어진 자극은 종소리 외에도 바닥, 벽, 천장 등의 모양이나 색깔, 우연히 감각되는 소리와 냄새 등 여러 가지가 있을 것이다. 이 상황에서 개는 다른 자극은 무시하고 종소리에 주의를 기울여야 성공적으로 학습을 할 수 있다.

또한 주어진 현상에서 필요에 따라 중요한 부분을 더욱 정교화하고 그렇지 않은 부분은 적게 다루는 것이 그 현상을 적절하게 추상화하는 데 필요한 인지전략이다. 이 경우에도 어디까지가 적절한 확대-축소(이 경우에는 이 용어가 적절하지는 않을 수 있지만)이고 어디부터가 부적절한 확대-축소인지 구분하기가 어렵다는 문제가 있다.

이미 일어난 과거의 일을 다시 떠올리는 반추는 그 사건 전반에 대한 반복학습으로 이루어질 수 있다. 따라서 나중에 그와 유사한 상황을 만났을 때 적절하게 반응하도록 하는 긍정적 기능을 지니고 있다. 최근에는 부정적 기능의 반추 외에 긍정적 기능의 반추에 대한 연구도 증가하고 있다.[18]

이상과 같이 합리적 인지전략과 비합리적 인지전략의 구분은 모호할 수 있다. 이러한 모호함은 비합리적 인지전략이 합리적 인지전략에 편승하여 유지되게 하는 하나의 이유가 될 수 있다. 즉 우리는 자신이 사용하는 범주화, 일반화, 마음추론, 선택적 주의 등의 합리적 인지전략이 어떤 경우에 흑백논리, 과일반화, 독심술사고, 확대-축소 등의 비합리적 인지전략으로 바뀌는지 명확하게 알기 어려운 것이다. 어떤 경우에는 합리적 인지전략을 동원한 것이 되어 강화를 받을 수도 있고, 또 어떤 경우에는 비합리적 인지전략을 동원한 것이 되어 스트레스를 경험할 수도 있다. 이렇게 보면, 비합리적 인지전략은 가변비율 강화[19]를 통해 소거되지 않고 지속된다고 볼 수도 있다.

지나치면 탈이 나는 법: 정보처리의 경제성

앞에서 보았듯이 인간이 한 번에 처리할 수 있는 정보량에는 제한이 있으며, 이는 작업기억의 제한성(7±2)으로 나타난다. 이러한 정보처리의 제한성은 정보를 좀 더 경제적으로 처리하게 하는 한 요인으로 작용한다.

비합리적 인지전략이 합리적 인지전략의 연장선상에 있는 만큼, 비합리적 인지전략도 정보처리의 경제성에 기여한다는 사실을 다시 한 번 살펴보자.

범주화 혹은 흑백논리는 정보 입력의 경제성을 높인다. 자기와 세계의 현상을 간단하게 분류함으로써 자기와 세계를 쉽고 단순하게 이해할 수 있게 해준다. 이렇게 입력의 경제성이 높아지면 자신이 적용할 행동의 선택도 단순하고 쉬워진다. 다시 말해 정보 출력의 경제성도 높아지는 것이다.

범주화 혹은 흑백논리를 사용하지 않으면, 더 많은 범주 중에서 적절한 범주를 찾아야 하고, 맥락에 따라 더 적절한 차원을 적용하고, 양의 차이를 파악해야 한다. 또 그에 따라 적절한 전략을 구사하려면, 적어도 숙달되기 전에는, 많은 노력이 필요하다.

일반화 혹은 과일반화의 경우에도 일반화 또는 과일반화를 통해 기존의 현상을 단순하게 이해하고 앞으로 있을 유사한 현상에 대해서도 쉽게 이해할 수 있게 해주는 입력의 경제성이 있다. 이에 따라 자신이 적용할 행동의 선택도 단순하고 쉬워지는 출력의 경제성도 실현된다.

선택적 주의 혹은 확대-축소의 경우도 마찬가지다. 정보처리의 제한성을 고려해보면, 특정 정보에 선택적으로 주의를 기울이는 것은 현상에 대한 정보처리의 부담을 줄여주는 입력의 경제성을 갖는다. 이에 따라 자신이 적용할 행동 선택의 부담이 줄어들어 출력의 경제성을 확보할 수 있다.

1부에서 다룬 기분일치성효과 역시 인간 정보처리의 제한성을 극복하는 기제로 볼 수 있다. 좀 더 경제적으로 정보를 처리하기 위해서 현재의 정서와 관련된 정보의 인출을 쉽게 함으로써, 현재 상황에 필요한 기억이 잘 활성화되도록 해주는 것이다. 기억은 다시 관련 정서를 심화시키는 효과가 있으므로, 기분일치성효과는 상황을 부정적으로 보는 경우에 부정적 정보를 더욱 확대해서 처리하게 하고, 그로 인해 과일반화와 흑백논리를 사용하게 한다.

지금까지 살펴보았듯이, 비합리적 인지전략에서도 정보처리의 경제성이 실현된다. 그리고 그러한 경제성은 각각의 비합리적 인지전략과 관련된 합리적 인지전략의 정보처리 경제성에서 파생된다.

그러므로 우리는 이렇게 결론 내릴 수 있다. 정보처리의 경제성을 과도하게 추구하다 보면 비합리적 인지전략을 사용하게 되어 스트레스를 구성하게 된다고.

비합리적 인지전략도 만족을 준다
: 웰빙 구성에 기여

비합리적 인지전략은 동기충족과 동기충족예상의 웰빙을 구성하는 방식으로 사용될 수 있다. 이 사실은 비합리적 인지전략이 스트레스를 불러일으킬 수 있음에도 불구하고 계속해서 지속되는 또 다른 이유가 된다.

흑백논리의 경우를 예로 들면, 실패가 아니므로 성공이라고 생각할 수도 있다. 나쁜 놈이 아니므로 좋은 사람이라고 생각할 수도 있다. 적이 아니므로 내 편이라고 생각할 수도 있다. 스스로 무능하지 않으면 유능하다고 생각할 수도 있다. 못생긴 것은 아니므로 잘생겼다고 생각할 수도 있다. 이와 같이 완벽주의의 흑백논리가 아닌, 일종의 만족주의의 흑백논리를 사용하는 사람이 있다면 여유 있고 만족한 삶을 누리고 있을 것이다.

과일반화의 경우에는, 시험기간에 첫 번째 과목 시험을 잘 보면 나머지 과목 시험 모두 잘 볼 것이라고 생각할 수 있다. 아침에 지하철역 계단을 내려가자마자 전동차가 도착하여 탑승했다면 오늘 하루 재수 좋겠다고 생각할 수 있다. 이러한 사고방식은 합리적이지 않은 비합리적 인지전략이다. 그러나 이렇게 생각하면 기분이 좋을 것이다.

독심술사고의 경우에도, 상대방이 인사를 안 받고 지나가면 무슨 고민이 있어 나를 못 봤을 거라고 생각할 수 있다. 버스나 지하철에서 누군가 나를 쳐다보고 있으면 내가 잘생겨서 쳐다본다고 생각할 수 있다. 저 사람이 겉으로는 야단치고 나를 비난하지만, 속으로는 나를 칭찬할 거라고 생각할 수 있다. 친구들이 말은 안 해도 내 염색한 머리를 부러워하고 있을 거라고 생각할 수도 있다. 비합리적인 독심술사고지만 기분을 좋게 한다.

확대-축소의 경우 역시 마찬가지다. 외모가 뛰어나지는 않지만 성격이 좋다는 말을 듣고 하루 종일 성격 좋다는 말만 떠올리며 기분 좋아 할 수 있다. 발표 초반에 조금 긴장해서 실수한 부분은 축소하고 나중에 청중의 호응이 좋았던 점을 자꾸 생각하며 하루 종일 미소 지을 수 있다. 이렇게 확대-축소의 비합리적 인지전략도 웰빙을 구성하는 데 기여할 수 있다.

"하늘이 사람에게 큰 임무를 주려고 할 때는 커다란 시련을 먼저 준다."『맹자』에 나오는 이 구절은 증명할 수도 없고 합리적이지도 않다. 그러나 어려운 상황에서도 밝은 부분에 주의를 주게 하는 점에서 확대-축소를 긍정적으로 적용한 예라고 할 수 있다.

'액땜하다'는 말도 마찬가지다. 과학적 근거를 결코 댈 수는 없지만, 안 좋은 일을 당하고 부정적인 것만을 생각하며 확대할 때 '액땜했다.'고 생각하면 부정적 생각을 그치거나 줄이고 다시 긍정적인 부분에 주의를 돌릴 수 있게 도와준다.

물론 스트레스와 웰빙을 구성하는 각각의 경우에 비합리적 인지전략이 적용되는 방식이 동일하지는 않다. 그러나 기본적으로 동일한 비합리적 인지전략이 동원되기 때문에, 웰빙의 구성으로 인한 강화는 비합리적 인지전략이 소거되기 어렵게 만든다.

스트레스의 싹을 자르다
: 동기의 포기를 통한 스트레스의 제거 또는 예방에 기여

비합리적 인지전략은 특정한 동기를 포기하거나 없애게 하여 스트레스를 제거하거나 예방하는 기능을 하기도 한다.

동기가 없으면 그것의 추구를 통한 동기충족과 동기충족예상의 웰빙도 불가능해지지만, 동기로 인한 동기좌절과 동기좌절예상의 스트레스도 없게 된다. 우리 속담에 "오르지 못할 나무는 쳐다보지도 말라."는 말이 있다. 이는 충족시킬 수 없는 동기라면 아예 갖지 말거나, 갖고 있더라도 포기함으로써 스트레스를 받지 말라는 의미로 볼 수 있다.

흑백논리, 특히 완벽주의의 흑백논리는 동기 자체를 포기 또는 소멸시킴으로써 그 동기로 인한 좌절이나 좌절예상의 스트레스를 종료시키고, 미래에도 발생하지 않도록 미리 차단하는 기능을 수행할 수 있다.

예를 들어 학점이 A^+가 아니면 실패한 학점이므로 A^+를 받지 못할 것 같으면 아예 해당 과목을 포기하고 공부를 하지 않는다. 이렇게 하면 해당 과목에서 A^+를 받고자 하는 동기 자체가 사라지므로 그 일의 성취나 성취의 예상에 따른 웰빙도 없겠지만, 그로 인한 스트레스도 받지 않게 된다. 물론 장기적으로 보면, 이러한 선택은 개인의 발전에 부정적일 수도 있으나, 적어도 단기적으로는 스트레스를 제거해주기 때문에 이러한 흑백논리가 강화된다.

또 흑백논리에 따르면 친구 아니면 남(혹은 적)이므로, 친구가 아니면 아예 상대를 하려고 하지 않거나 상대가 나에게 잘해주기를 바라지 않게 된다. 그럼으로써 상대에 대한 기대에 따른 기존의 스트레스를 소멸시키고 미래의 스트레스를 차단하는 효과를 얻게 된다.

과일반화에서는 흑백논리에 따른 결론을 과도하게 다른 영역에도 적용함으로써, 흑백논리에서처럼 다른 영역과 관련된 동기를 제거하거나 형성하지 않게 한다. 이는 기존의 스트레스를 소멸시키고 미래에 있을 스트레스를 방지하는 효과를 가져온다.

독심술사고 역시 대인관계에서 상대가 자기를 좋아할 리가 없다고 단정 짓고 상대가 자신을 좋아하기를 바라는 동기를 제거할 수 있다.

그렇게 되면 상대가 자기를 좋아하든 좋아하지 않든 상대의 행동으로부터 스트레스를 받지 않게 된다.

그러나 만약 특정 영역에서 동기의 포기 없이 흑백논리, 과일반화, 독심술사고 등을 사용한다면, 동기좌절이나 동기좌절예상의 스트레스를 피하기 어려울 것이다. 예를 들어, 자신은 어떤 일을 전혀 하지 못한다고 흑백논리로 생각하면서도 그 일을 하고 싶은 동기를 버리지 못한다면 그로 인한 스트레스를 지속적으로 받게 될 것이다. 혹은 사랑받고 싶은 동기는 강하면서 자신은 사랑을 받지 못할 사람이라고 흑백논리로 규정하면, 그로 인한 스트레스로부터 벗어나기 어려울 것이다.

비합리적 인지전략을 권유하는 사회

비합리적 인지전략은 일상의 사회생활에서 조장되고 강화되는 경향도 있다.

앞에서 친구와 적으로 구분하는 예를 통해 동기의 포기를 통한 스트레스의 제거 또는 예방에 기여하는 흑백논리를 설명했다. 이와 같은 흑백논리 구분은 학령 전 아동 집단이나 사춘기 또래 집단을 거쳐 성인들의 직장에서까지 보편적으로 요구되는 압력이기도 하다. 이러한 흑백논리 구분에 따르지 않을 경우 회색분자 혹은 기회주의자로 몰리기도 하기 때문에 개인은 흑백논리를 따르도록 압력을 받는 것이다. 한편 흑백논리는 배타성과 연결되는데, 배타성은 집단 내의 결속 또는 소속감을 증가시키고 이를 통해 동료 집단의 지지를 끌어낼 수 있기 때문에, 소속의 동기나 사회적 인정의 동기에 충족을 가져온다.

이밖에도 "어중간하게 하려면 하지 말고, 하려면 제대로 해라." "사람이 화끈한 데가 있어야지. 이도 저도 아니고 흐릿해서는 안 된다." 등 사회적으로 자주 사용되는 말들에서 흑백논리를 요구하는 분위기를 엿볼 수 있다. 이와 같이 흑백논리는 사회적으로 조장되고 강화되며 사회화되기도 한다.

위와 같이 흑백논리로 이끄는 사회적 압력은 흑백논리를 지원하는 방향으로 과일반화, 독심술사고, 확대-축소를 하게 만들 것이다.

이밖에도 일상생활에서 독심술사고를 조장하고 강화하는 사회적 분위기가 있다. "찍 하면 입맛이지." "똥인지 된장인지 먹어봐야 아나?" 등의 속담은 독심술사고를 부추기는 것으로 볼 수 있다. 또 상대로부터 독심술사고를 강요받기도 한다. "내가 그걸 꼭 말로 해야 해?" "알아서 해주면 안 돼?"와 같은 말을 우리는 수시로 듣고 산다.

우리 사회는 여전히 개인주의보다는 집단주의적의 성향이 강한데 이것이 독심술사고를 조장하는 측면이 있다. 집단주의 문화 속에서는 자기보다는 다른 사람의 욕구나 생각을 잘 알고 배려해야 하기 때문에, 한국인들은 다른 사람들의 마음속 욕구나 생각에 끊임없이 관심을 갖도록 부추김을 당한다.

또 자신의 잘한 부분을 축소하는 것은, 적어도 동양 사회에서 미덕으로 받아들여진다. 자신이 잘한 부분을 과장하는 것은 사회적으로 비난받기 쉽지만(처벌), 자신의 못한 부분을 과장하는 것은 주변으로부터 관심과 위로를 받을 수 있게 하고(정적 강화), 질투나 비난을 피할 수 있게 해준다(부적 강화). 이 때문에 확대-축소의 비합리적 인지전략을 동원하는 경우를 주위에서 빈번하게 볼 수 있다.

자기충족적 예언을 통한 강화

위에서는 독심술사고가 실제를 제대로 반영해서 강화를 받는 예를 들었지만, 실제를 제대로 반영하지 않는 부정확한 독심술사고가 강화를 받는 경우도 있다. 부정적인 방식의 독심술사고가 자기충족적 예언을 통해 자신의 독심술사고에 의한 판단을 정당화하는 것 말이다.

실제와는 달리 상대방이 자기를 싫어한다고 독심술사고를 하게 되면, 자신도 상대방에게 불친절하게 대하게 된다. 이렇게 되면 결국 상대방도 실제로 자신을 싫어하게 된다. 처음에는 부정확했지만 나중에 정확해져서 독심술사고가 강화되는 것이다.

독심술사고뿐만 아니라 흑백논리나 과일반화에 의한 판단도 비슷하다. 실제를 제대로 반영하지 않은 부정확한 판단이었지만 자기충족적 예언으로 인해서 강화를 받는 경우가 있다는 뜻이다. 특히 사람 혹은 집단에 대한 흑백논리나 과일반화에 기초한 판단은 그 사람 혹은 그 집단을 그러한 판단에 부응하는 방향으로 이끌어 가는 경향을 자주 보인다. 처음에는 부정확했던 흑백논리나 과일반화가 나중에는 정확해져서 결국 강화되는 것이다.

13

성격이 스트레스를 만든다고?

똑같은 상황에서도 사람들의 경험은 같지 않다. 해고 통지서를 받고 하늘이 무너지는 것 같은 심정이 되어 아무것도 하지 못하고 점차 폐인으로 변해가는 사람이 있는가 하면, 반대로 자신이 정말 하고 싶은 것을 찾아 전념할 수 있는 좋은 기회로 여기고 더욱 활발한 삶을 살아가는 사람도 있다.

이러한 개인차는 어디서 올까? 일반적으로는 성격에서 그 원인을 찾는다. 특히 낙관적인 사람과 비관적인 사람을 들어가며 성격 차이가 결과의 차이를 낳는다고들 한다.

성격이라는 표현에는 타고난 것, 쉽게 바뀌지 않는 것 등의 의미가 내포되어 있다. 하지만 성격은 비록 쉽게 바뀌지는 않을지라도 절대 바뀌지 않는 것은 아니다. 그러므로 성격이라는 용어로 개인의 변화하지 않는 특성이라 단정한다면 심각한 문제를 불러올 수 있다.

자기 자신이나 상대방을 몇 가지 특정한 성격 유형으로 규정짓는 것은 일종의 과일반화다. 그리고 그렇게 할 때마다 우리는 자기 자신이나 상대방의 변화 가능성을 가로막는 결과를 낳게 된다. 비록 심리학에서 성격검사를 개발하여 사용하고는 있지만 그 특성을 돌에 새겨진 것처럼 여겨서는 안 된다. 그렇게 하면 개인의 발전에 장애가 되고 사람들과의 관계에서 바람직하지 않은 선입관을 갖게 된다. 이뿐 아니라 위에서 언급한 자기충족적 예언의 기제에 의해, 일단 형성된 성격에 대한 선입관은 더욱 공고해진다.

사람들은 심지어 과학적 근거가 전혀 없는 혈액형 성격에 대한 믿음에 구속되기도 한다. 수업을 이끌다 보면, 팀 과제를 진행하며 "난 A형이니까 발표는 네가 해."라며 B형이나 O형 동료에게 발표를 미루는 학생을 가끔 만나게 된다. 혈액형이 A형이기 때문에 스스로를 소심한 성격으로 규정하고 발표력을 계발할 생각도 안 하는 것이다. 소개받은 남자의 혈액형이 B형이면 '나쁜 남자'라 단정하고 사귀려고 하지 않는 경우도 있다.

그러나 혈액형에 따른 성격 차이는 전혀 과학적 근거가 없다. 실제로 심리학에서 실증적으로 연구한 바에 따르면,[20] 심리학에서 많이 사용하는 성격 5요인 검사의 성격 특성과 혈액형 간에는 통계적으로 유의한 관계가 없는 것으로 나타났다. 그러나 혈액형별 성격 유형에 대한 믿음이 높은 사람들의 경우에는 혈액형별 성격 유형의 고정관념에 일치하는 방향으로 자신의 성격을 보고하는 경향이 있었다. 혈액형에 따른 성격이 있다면 그것은 실제 그렇다기보다는 그것에 대한 믿음의 효과이다.

성격이란 무엇인가

동일한 상황에서 사람들이 보이는 개인차는 성격으로 설명할 수도 있지만, 개인이 가지고 있는 동기, 인지, 행동의 다름에 따른 정보처리의 차이로 보는 것이 더 실용적이다. 자신이 추구하고 있는 동기가 무엇이고, 평소에 지니고 있는 믿음은 무엇이며, 주로 사용하는 인지전략과 행동 전략이 무엇인지 파악한다면 자신의 변화를 위한 실천에 실제적인 도움이 될 것이다. 이러한 접근은 다른 사람의 이해나 그들의 긍정적 변화에도 유익하다.

실제로 성격이 낙관적인 사람이란 통제 가능한 스트레스 상황에서는 문제해결 중심의 적극적 대처 전략과 스트레스 상황을 긍정적으로 재해석하는 인지적 대처 전략을 많이 사용하는 사람이며,[21] 통제 불가능한 스트레스 상황에서는 수용을 잘하는 사람이다.[22] 이렇게 볼 때 낙관적 성격이라는 개념을 사용하는 것보다 개인이 사용하는 전략을 측정하고 필요한 중재기법을 통해 부정적 전략을 줄이고 긍정적 전략을 늘리는 것이 개인의 스트레스 관리와 성장에 도움이 될 것이다.

결국 성격이란, 개인이 지니고 있는 주요한 동기와 자주 사용하는 인지전략과 행동 전략의 특정한 조합으로 보는 것이 실용적이다. 낙관적인 성격이나 스트레스를 만드는 성격이 존재한다면, 그것은 앞에서 다룬 특정한 동기, 인지, 행동의 조합으로 존재한다. 따라서 사용하는 인지전략과 행동 전략에 변화를 주고 이에 따라 동기에도 변화를 일으키면 성격도 바뀌는 것이다.

당 신 을
무엇이라
규정하지
마 라

제3부

어떻게 생각을 바꿀까

2부에서 언급했듯이 절차적 지식은 서술적 지식과 달리 쉽게 바뀌지 않는다. 인지전략은 절차적 지식에 속하므로 반복해서 교정해야만 변화시킬 수 있다. 다음에 설명하겠지만, 동기 역시 파악하기가 어려워 훈련을 통해 파악하고 관리하는 것이 필요하다.

동기인지행동치료의 관점에서는 스트레스 관리나 심리증상 치료를 위한 기법들이 궁극적으로 동기를 관리한다고 보고 동기 관리의 유형을 다음 4가지로 나눴다.[23] ① 스트레스/증상과 관련된 동기 상태에 영향을 주는 인지 변화, ② 스트레스/증상과 관련된 동기 상태에 영향을 주는 기술의 학습, ③ 스트레스/증상과 관련된 동기 자체의 변화, ④ 스트레스/증상과 직접 관련 없는 동기의 충족과 충족예상의 증진.

이러한 구분을 앞에서 다뤘던 동기, 인지, 행동의 관계와 관련지어 다시 정리해보면 다음과 같다. 동기와 인지와 행동은 서로 영향을 준다. 궁극적으로는 동기나 동기 상태가 변화해야 스트레스 관리나 증상 치료가 이루어진다. 동기나 동기 상태의 변화를 위해서 인지와 행동의 변화가 필요하다.

1) 스트레스/증상과 관련된 동기 상태에 영향을 주는 인지 및 행동의

변화: 기존의 인지행동치료와 수용전념치료 등 새로운 흐름의 인지행동치료에서 사용하는 기법을 포함한다. 위의 구분에서 '스트레스/증상과 관련된 동기 상태에 영향을 주는 기술의 학습'은 절차적 지식의 학습으로 볼 수 있으며 인지와 행동의 변화를 의미한다. 예를 들어 사회관계에서 사람들의 부탁을 잘 거절하지 못해 스트레스(동기좌절의 동기 상태)를 경험하는 사람은 자기주장 훈련을 통해 적절하게 거절하는 절차적 지식(인지행동적 전략)을 습득하는 것이 필요하다. 공부 때문에 스트레스를 경험한다면 공부 방법에 대해 배울 필요가 있다.

2) 스트레스/증상과 직접 관련 없는 동기 상태에 영향을 주는 인지 및 행동의 변화: 스트레스나 증상과 직접 관련 없는 동기에 관심을 가지고 그 동기를 동기충족과 동기충족예상의 웰빙으로 만들면 동기좌절이나 동기좌절예상을 지속시키는 데 불필요하게 투여되는 정신자원을 차단함으로써 스트레스가 자연스럽게 감소하게 만든다.

이러한 관리 방법은 기존의 인지행동치료보다 수용전념치료 등 새로운 흐름의 인지행동치료에서 더 많이 강조된다. 또한 웰빙인지기법이나 웰빙행동기법을 포함해서 최근에 발전하고 있는 긍정심리중재

법도 여기에 속한다. 특히 웰빙행동기법은 몸에 변화를 주고 환경에 변화를 주는 행동 선택을 통해 동기를 관리하는 대표적인 방법이다. 스트레스를 받았을 때 빨래나 집안 청소를 하거나 여행을 하는 것도 스트레스나 증상과 직접 관련 없는 동기의 상태에 영향을 주는 행동의 변화를 통해 스트레스를 관리하고 증상을 경감시키는 방법에 속한다.

3) 스트레스/증상과 직접 관련된 동기 자체에 영향을 주는 인지 및 행동의 변화: 동기좌절과 동기좌절예상을 자주 크게 경험하는 동기를 제거하거나 그 크기를 줄여주는 것은 동기좌절과 동기좌절예상을 없애거나 줄여준다. 기존의 인지행동치료에서는 벡(Aaron T. Beck) 계열의 인지치료보다는 엘리스(Albert Ellis) 계열의 합리-정서-행동치료(Rational-Emotive-Behavior Therapy; REBT)에서 이런 방식을 더 많이 다루는 것으로 보인다.[24] 합리-정서-행동치료에서는 논박을 통한 인지적 변화와 노출이라는 행동적 기법을 통해 스트레스나 증상과 관련된 동기를 없애거나 그 크기를 줄인다.

스트레스나 증상과 직접 관련된 동기 자체를 변화시키는 방법은 마음챙김 명상이나 수용전념치료 등 마음챙김을 도입한 여러 심리치료에서도 많이 다뤄진다. 특히 수용전념치료에서 채택하는 마음챙김과 수용은 스트레스나 증상, 혹은 관련된 인지를 제거하거나 고치려고 하는 시도를 내려놓고 오히려 직면하고 받아들이게 함으로써 스트레스나 증상에 대한 인내력(tolerance)을 높여준다. 이를 통해 스트레스나 증상을 회피하려는 회피동기를 줄이거나 없앤다. 역설적이게도 스트레스나 증상을 없애거나 줄이려고 하지 않고 받아들이면 스트레스와 증상의 원인인 회피동기가 줄고 결과적으로 스트레스나 증상이 줄거나 사라진다.

4) 스트레스/증상과 직접 관련 없는 동기 자체에 영향을 주는 인지 및 행동의 변화: '스트레스/증상과 직접 관련 없는 동기의 상태에 영향을 주는 인지 및 행동의 변화'에서 언급했듯이, 스트레스나 증상과 직접 관련 없는 동기에 관심을 가지고 그 동기를 웰빙으로 만드는 것은 스트레스의 제거와 감소에 기여한다. 따라서 추구할 만한, 혹은 의미 있거나 가치 있는 건강한 동기를 내부에서 찾거나 새롭게 확립하는 것은 새로운 동기충족과 동기충족예상의 웰빙을 증진하고 스트레스를 줄이는 좋은 방법이다. 이러한 관리 방법은 수용전념치료 등 새로운

흐름의 인지행동치료와 긍정심리중재법에서 많이 다뤄진다.

스트레스나 증상과 직접 관련 없는 동기를 발굴하거나 확립해서 추구함으로써 스트레스나 증상과 관련된 동기의 상대적 크기(즉 중요도나 의미)가 줄어들고, 이는 다시 스트레스나 증상의 감소로 이어진다.

동기인지행동치료의 관점에서는 스트레스의 관리나 증상의 치료 모두 위에서 소개한 동기 관리의 각 유형을 적절하게 사용함으로써 동기좌절이나 동기좌절예상을 줄이고 동기충족이나 동기충족예상을 늘려 전체적으로 동기의 조화로운 추구를 지향하는 총체적 웰빙을 목표로 하는 것이 바람직하다고 본다.[25]

14

너의 욕망과 생각을 알라
: 동기 - 인지 분석 연습

일상생활에서 스트레스를 경험할 때마다, 일지를 쓰듯이 그 스트레스와 관련된 동기와 인지를 식별하는 것이 필요하다. 왜냐하면 인지전략은 절차적 지식으로 자동화되어 있어서 제대로 의식하지 못하고 사용하는 경우가 많기 때문이다. 또한 동기도 무의식적으로 작용하는 경우가 많다.

비현실적이거나 과도한 동기와 비합리적 인지전략이 확인되어야 그다음에 그것을 다룰 수 있을 것이다.

동기와 인지는 알기 어렵다

우리는 다른 사람의 동기와 인지는 모르더라도 자신의 동기와 인지는 쉽게 알 수 있다고 생각한다. 그런 동기와 인지도 있다. 그러나 의식하지 못하지만 우리의 경험과 행동에 영향을 끼치는 동기와 인지도 있다.

프로이트는 우리의 무의식적 동기와 행동 간의 관계를 잘 연구하였다. 특히 그는 무의식적 동기가 실수 행위와 신경증의 원인이 됨을 매우 설득력 있게 보여주었다. 또 암묵적 지식(implicit knowledge)에 대한 최근 연구는 우리가 의식하지 못하는 인지가 우리의 행동에 영향을 주고 있음을 보여주고 있다.[26]

우리가 의식하지는 못하지만, 과도한 동기와 비합리적인 인지가 우리 마음에 자리 잡고 행동과 경험에 영향을 주는 경우도 상당하다. 다시 말해 우리가 경험하는 스트레스의 원인으로 작용하는 동기와 인지의 많은 부분이 무의식적이다. 한때 의식적이었던 것들도 반복해서 사용하면 자동화되어 무의식적이 된다. 또한 어떤 동기들은, 의식되었을 때 다른 중요한 동기(자존감, 양심 등의 동기)에 위협이 되기 때문에 의식되지는 않으면서 다른 형식으로 작용한다.

상당수의 동기와 인지가 무의식적이지만, 우리의 일상생활에서 그것들을 간접적으로 확인할 수 있는 방법이 있다. 스트레스를 경험할 때 스트레스를 '뒤집어 보는' 것이다. 그러면 거기에는 반드시 좌절되었거나 혹은 좌절이 예상되는 동기가 있다. 또한 곰곰이 살펴보면 관련된 비합리적 인지전략도 발견할 수 있다.

친구가 약속에 늦게 나타났을 때 화가 난다면, 뒤집어 보라. 내 안에 '사람들이 약속을 지키면 좋겠다.' 혹은 '사람들은 약속을 반드시 지켜야 한다.'는 동기가 있음이 보일 것이다. 약속 지킴에 대한 동기가 없다면, 친구에게 약속 지킴의 소망/당위를 품지 않는다면, 친구가 약속을 어겼을 때 스트레스를 경험하지는 않을 것이다.

또 그 친구가 과거에 몇 번 약속에 늦은 적이 있을 때 그것을 과일반화하면 "너는 왜 맨날 늦냐!"라고 반응하면서 화가 더 커지게 된다. 이때 이 친구가 앞으로도 약속 때마다 늦을 것이라는 미래의 동기좌절예상까지 포함되어 더 화가 날 수 있다. 만약에 친구가 약속을 어겼어도 앞으로는 절대로 어기는 일이 없을 거라는 인지가 높은 확신도와 함께 인식되면 화가 많이 나지는 않을 것이다.

동기와 인지를 찾아 음미한다

스트레스를 만들어내는 생각을 바로잡으려면 일단 자신이 어떤 생각을 만들어내고 있는지를 알아야 한다. 앞에서도 얘기했지만, 지피지기면 백전백승이다. 스트레스를 만드는 인지전략을 책으로만 배워서는 자신이 사용하는 인지전략을 알 수 없다. 그것은 단지 책을 통해 수영법의 종류를 파악하고는 수영을 할 줄 안다고 하는 것과 같다.

생활 속에서 스트레스를 경험할 때 그 스트레스를 만들어낸 동기와 인지전략이 무엇이었는지 스트레스 일지를 쓰면서 분석해본다. 우선은 어떤 동기의 좌절 혹은 좌절예상인지 생각해본다. 잘 떠오르지 않는다면 어떤 기분, 어떤 감정인지를 돌아본다. 기분이나 감정은 동기 상태를 반영하는 지표이므로 스트레스와 관련된 동기를 찾는 데 도움이 된다. 아울러 관련된 인지, 인지전략은 무엇인지 찾아본다.

〈사례 1〉

동창이 소위 '-사' 자 달린 사람과 결혼한다고 청첩장을 보내왔다. 축하한다는 문자 메시지는 보냈는데 내심 마음이 편하지 않다. '내 인생은 왜 이렇게 안 풀리지?'라는 생각에 일이 손에 잡히지 않고 우울하다.

동기

'남들이 부러워할 만큼 조건 좋은 배우자를 만나야 한다.'는 동기를 갖고 있다고 인식하지는 못했었지만, 친구의 결혼 소식에 우울해졌다면 이러한 동기가 좌절됐다고 봐야겠다.

인지전략

- 확대-축소: 자신의 잘난 면(그 친구보다 좋은 직장에 다님)은 축소하고 부족한 면('-사'와 결혼 못한 상태)을 확대하고 있다. 또 이러한 생각을 놓지 못하고 계속 반추함으로써 부정정서를 지속하고 증폭하여 우울로 가게 되었다.

- 과일반화: ‘-사’와 결혼하지 못한 상태 하나로 인생 전체를 평가했다.

성찰

- 주변 사람과 비교하며 더 나으려고 하는 것 자체를 나쁘다고 할 수는 없다. 어느 정도는 이런 동기가 열심히 생활하게 하는 원동력으로 작용하기도 한다. 그러나 지나치면 문제가 된다. 근본적으로는 이러한 스트레스 경험을 통해 자신이 인생에서 추구하는 행복이 무엇인지, 행복한 결혼이 무엇인지에 대해 숙고해볼 수 있는 계기로 삼으면 좋을 것이다.
- 확대-축소의 반추를 차단하는 방법을 강구하도록 한다.

〈사례 2〉

친구들과 얘기할 때 이번에 새로 산 스마트폰을 자랑하고 싶었다. 그런데 내가 스마트폰 자랑을 막 하려는 참에 친구가 새로 사귄 애인 얘기를 시작하는 바람에 내 얘기가 묻혀버렸다. 친구의 얘기를 건성으로 들었다. 집에 돌아오면서도 내 얘기가 무시당한 것이 자꾸 생각나 그 친구에게 화가 났다.

동기

‘내가 꺼낸 주제는 절대로 묻혀서는 안 된다. 친구들에게 무시당하

고 싶지 않다.' '친구들에게 항상 인정과 존중을 받고 싶다.'

인지전략

- 독심술사고: 친구들이 나를(내 얘기를) 무시하는구나. (독심술사고의 내용으로 보면 과일반화나 흑백논리가 작용했을 수 있다. 인정 아니면 무시라고 생각한다면 흑백논리다.)
- 흑백논리: 이들은 내 친구가 아니구나. 이 친구들이 나를 싫어하는구나. (한 가지 사례로 이런 결론을 내렸다면 과일반화이기도 하다.)
- 확대-축소: 집에 돌아오는 길에 그날 있었던 다른 좋은 일들(수업시간에 발표 잘했다고 교수님으로부터 칭찬받은 일, 선배가 점심을 사준 일 등)은 떠올리지 않고(축소) 자신이 하고자 했던 얘기가 묻힌 것만을 내내 곱씹음(확대).

성찰

- 스트레스 관련 동기를 줄이는 것이 필요하다. 살면서 대화할 때 자신이 꺼낸 주제가 묻혀버린 경험을 하지 않을 사람이 있을까? 누구나 그런 경험을 한다. 그러므로 '내가 꺼낸 주제는 절대로 묻혀서는 안 된다.'라는 과도한 동기를 내려놓는 것이 필요하다.
- 비합리적 인지전략을 교정하는 것이 필요하다. 내 얘기가 묻힌 것(사실)이 친구들이 나를 무시하는 것(판단)은 아니다. 친구들이 의도적으로 내 얘기를 묻은 것이 아니다. 여러 얘기를 하다 보면

더 재미있는 얘기에 관심이 쏠리기 마련이다.

〈사례 3〉

발표 중에 참가자의 90% 정도는 집중을 하는데 10% 정도는 집중을 안 하고 졸거나 잡담을 한다. 본인들은 모르겠지만 앞에 서 있으면 다 보이는데 이렇게 딴짓을 하다니…. 집중 안 하는 사람들에게 자꾸 눈이 가고 신경이 쓰여 발표에 집중이 잘 안 된다.

동기

'모든 참가자가 집중해서 들어주면 좋겠다.' '내 발표는 항상 존중받아야 한다.'

인지전략

- 확대-축소: 잘 집중하고 있는 90%에 초점을 두지 않고(축소) 집중하지 않는 10%에만 신경을 썼다(확대).
- 독심술사고: 발표에 집중하지 않는 사람들이 내 발표를 형편없게 생각한다고 판단했다.

성찰

- 누가 발표를 해도 졸거나 딴청 부리는 청중은 있기 마련이다.
- 발표에 집중하지 않는 소수에 신경 쓰다 보면 발표가 잘 안 풀리

므로 집중하는 사람들에게 초점을 맞추고 발표하는 것이 좋다.

- 졸거나 딴청 부리는 사람들에게 사정이 있을 거라고 생각한다. 예를 들어 조는 사람은 전날 밤 피치 못할 일(문상, 보고서 쓰기, 야근, 부모님 간병 등)로 밤에 제대로 잠을 자지 못했을 거라고 생각한다.
- 모든 사람이 강의 주제에 흥미가 있을 거라는 기대는 비합리적이다. 재미있는 얘기가 나오면 옆 사람과 관련된 얘기를 하고 싶은 것이다. 이때 대부분의 사람은 자신의 행동을 발표자가 신경 쓸 것이라고는 생각하지 않는다.

깨달음의 순간이 온다

스트레스를 경험할 때 동기-인지 분석을 꾸준히 하면 상황을 다르게 보는 훈련이 이루어지고 자신의 문제에 대한 통찰을 얻게 된다.

아래는 일정 기간 동기-인지 분석을 꾸준히 연습한 사람들의 소감이다.

"동기-인지 분석을 하다 보니 나에게 중요한 동기가 이렇게 요약된다. '내가 사랑하는 사람들에게 인정받고, 매사에 진심을 다하는 사람이 되는 것'. 항상 나를 채찍질했던 것도 결국엔 이러한 동기가 있었기 때문이었다. 나를 채찍질해서 더 완전하고, 온전하고 남의 기준에 어긋나지 않는 사람이 되려 했다.

평소 사랑하는 사람들에게 온 마음을 다하는 편인데, 내가 그들에게 해주는 것만큼 상대방도 나를 사랑하고 인정해주길 바라는 동기가 고민들의 공통 동기로 내재되어 있었던 것 같다.

매사에 진심을 다하는 것도 내 인생에서 중요한 부분이기 때문에 나만의 신념을 지키기 위해 아등바등했던 것이 많은 고민들의 공통 동기로 작용했던 것 같다.

내 동기에 대해 이렇게 한 문장으로 정리할 수 있기까지 많은 길을 돌아왔고 힘들었다. 하지만 이렇게 내면의 동기에 대해 알고 나니, 그동안 힘들었던 시간들에 대한 보상을 받은 것 같다. 마음이 홀가분하고 행복해졌다."

"새로운 경험이다. 4가지의 비합리적 인지전략의 예를 보면서 평소에 그냥 지나쳤던 내 경험과 주위 사람들의 경험을 둘러볼 수 있었다.

여러 가지 많은 생각들을 하게 되었다. 처음에는 내가 그런 비합리적인 생각을 많이 할까 싶었지만 나 역시 예외는 아니었다. 적어도 흑백논리에는 빠져 있지는 않을 거라 생각했었는데 실상은 그 반대여서 놀라웠다.

동기 - 인지 분석을 통해 내 삶을 되돌아보면서 그동안 깨닫지 못했던 나의 생각과 마음을 살펴보고 반성해볼 수 있었다. 이 경험을 거울삼아 스트레스를 덜 받는 생활을 만들어나갈 수 있을 거라는 희망이 생겼다."

"나의 비합리적 인지전략 사례를 찾아내는 것이 처음에는 무척 어려웠다. 한번은 친구에게 사례를 하나 얘기해주었더니 친구가 '그런데 누구나 그런 거 아냐?'라고 반문했다. 사례를 찾는 과정이 어려웠던 이유는 바로 거기에 있었다. 나는 나의 비합리적인 인지가 너무도 당연한 것이라고 생각했었다.

동기-인지 분석을 하며 비합리적 인지전략들 사이에는 관련이 있음을 발견했다. 특히 확대-축소를 하다 보면 과일반화를 하기 쉬운 것 같았다.

이러한 비합리적 인지전략을 피하기 위해서는, 먼저 현상이나 사실을 있는 그대로 받아들이는 자세가 필요하다고 생각했다. 비합리적 인지전략은, 사실이나 현상을 받아들일 때 감정이 개입되어 나타나기 때문이다.

요즘 들어 부쩍 느끼는 것이지만, 독심술 사고나 확대-축소 같은 비합리적 인지전략은 나도 모르는 사이에 나를 괴롭히고 있는 것 같다. 스스로의 만족과 평화를 위해서라도 사고방식의 변화가 필요한 것 같다."

가장 중요한 동기를 찾아라

동기-인지 분석은 처음에는 쉽지 않다. 앞에서도 언급했듯이 자신의 동기와 인지가 부지불식간에 작용하는 경우가 많기 때문이다. 그러나 꾸준히 자신의 동기와 인지를 분석하는 연습은 보상이 있는 투자다.

동기-인지 분석을 꾸준히 연습하는 데는 무엇보다 자기성장의 동기를 확립하는 것이 도움이 된다. 한 인간으로서 자신을 이해하고 더 성장하려는 동기를 분명히 하면, 스트레스를 경험할 때 자신의 동기와 인지를 분석하는 어려움을 수용하기가 쉬워진다. 자기성장의 동기가 있을 때 스트레스 분석의 어려움은 오히려 동기충족이나 동기충족예상의 웰빙이 될 수 있다.

아울러 자신에게 의미 있고 중요한 동기가 무엇인지에 대한 성찰을 함께 하자. 그러면 가치 있는 동기를 확인하고 확립하면서 그 충족을 추구하며 웰빙을 증진할 수 있게 된다. 이러한 과정에서 동기의 중요도에 따라 동기충족에 들이는 노력의 양을 조절할 수 있게 된다. 그 결과 중요하지 않은 동기를 추구하는 데서 오는 불필요한 스트레스로부터 벗어나는 현명한 스트레스-웰빙 관리를 할 수 있다.

15

가만히 바라보면 보인다
: 마음챙김 명상

동기 - 인지 마음챙김

동기 - 인지 분석 연습에서는 스트레스를 다스리기 위해 스트레스의 구성에 관여하는 동기와 인지를 일지로 쓰면서 분석한다. 동기 - 인지 마음챙김에서는 스트레스를 경험할 때 이외에도 평소에 틈틈이 생활 속에서 자기 마음을 있는 그대로 바라봄으로써 자신이 사용하는 동기와 인지전략을 알아차리는 연습을 한다.

평소에 자신의 생각과 행동 밑바닥에 어떤 동기가 있는지, 또 생각에 어떤 인지전략이 작용하고 있는지 마음챙김한다. 먼저 14장의 내용을 숙지하면 자신이 스트레스를 경험했을 때 그 스트레스를 만들어낸 동기와 인지전략은 무엇이었는지 자신의 마음을 들여다보는 데 도움이 된다.

마음챙김은 주의를 밖이 아니라 자기 자신에게 돌려 선입견을 개입시키지 않고 있는 그대로 객관적으로 바라보는 것이다. 마음챙김은 마음으로 경험할 수 있는 동기, 인지, 정서, 감각 등 모든 것을 대상으로 하지만 동기-인지 마음챙김에서는 그중에서 동기와 인지에 초점을 두고 마음챙김한다.

우리가 정보처리를 한다는 것은 자기 자신과 세계를 안다는 것인데, 마음챙김을 통해 지금 이 순간 어떤 앎을 만들고 있는지 잘 알도록 한다. 먼저 자신의 앎에서 사실적 앎과 추론적·판단적 앎을 구분할 수 있도록 한다.

그냥 덩어리로 경험하는 것이 일반적인 앎, 일반적인 정보처리라면, 마음챙김은 경험을 있는 그대로 낱낱이 나눠서 보는 것이다. 동기와 인지를 나누고 현재 자신이 어떤 동기 상태이며 어떤 인지전략을 사용하고 있는지 명확하게 알아차리도록 한다.

마음챙김에서 중요한 것은 단지 아는 것이 아니다. 거리를 두고서, 파란 하늘에 나타난 구름처럼 자신의 마음에 어떤 동기와 인지가 나타났는지를 있는 그대로 보는 것이 중요하다. 동기와 욕구에 자기를 동일시하지 않고 '…하고/이고 싶어 하는 욕구가 있구나' '…하고/이고 싶지 않은 욕구가 있구나' 하고 자신의 동기를 대상화하고, '…라는 생각이 있구나'라고 자신의 인지를 대상화한다.

예를 들어 아는 사람 A를 보고 인사를 했는데 그가 인사를 받지 않고 지나갈 때 '나를 무시하는구나.'라는 생각이 들었다고 해보자. 여기서 '내가 A에게 인사를 했는데 그가 받지 않고 지나갔다.'는 사실적 앎이고, 'A가 나를 무시하는구나.'는 사실적 앎에 대한 나의 판단적 앎인 줄 알도록 한다. 더 나아가 그 판단적 앎이 그 사람으로부터 확인된 것이 아니라 나 혼자의 생각이므로 '독심술사고'의 비합리적 인지전략에서 온 것임을 정확하게 알도록 한다. 아울러 무시받고 싶어 하지 않는 욕구가 있는 줄 알도록 한다.

이러한 과정에서 특히 판단적 앎에 대해 ''A가 나를 무시하는구나.'라는 생각이 있구나.' (그리고 동기에 대해) '무시받고 싶지 않은 욕구가 있구나.'라고 속으로 명명하는 것이 마음챙김을 도와준다.

남편이 밤늦게 술에 취해 들어올 때 "허구한 날 술이야!"라는 말이 자동으로 나왔다면, '남편이 오늘 밤 12시에 술에 취해 들어왔다.'라는 사실적 앎과, '허구한 날 술을 먹고 들어온다.'는 판단적 앎이 있는 줄 알도록 한다. 아울러 남편이 술을 먹지 않고 일찍 들어오기를 바라는 욕구가 있는 줄도 알도록 한다.

이러한 과정에서 ''매일 술 먹고 늦게 들어온다.'는 생각이 있구나.' '남편이 술 먹지 않고 일찍 들어오기를 바라는 욕구가 있구나.'라고 속으로 인지와 동기를 대상화한다. 나아가 자신의 마음에 '남편이 자신을 존중해주기를 바라는 욕구' '남편과 행복하게 살고 싶은 욕구'도 있음을 알아차릴 수 있다면 더 좋을 것이다.

이렇게 하다 보면 나중에는 "허구한 날 술이야!"라는 말이 자동으로 나오기 전에 생각 단계에서 그 속말이 대상화되어 자각되고, 그것이 나의 판단임도 알게 된다. 자신의 생각을 떨어져서 정확하게 보면 감정에 매몰되지 않게 되고, 자동적·습관적으로 이어지던 남편과의 상호작용도 달라진다.

특히 부정적인 생각을 반추하고 있을 때 마음챙김을 하면 끝없이 돌아가던 생각의 쳇바퀴를 멈출 수 있게 된다. 생각을 생각으로 보게 된다. 동시에 부정적 생각의 반추에 수반하던 부정적 감정의 늪으로부터도 빠져나오게 된다.

마음챙김을 한다고 해서, 생활 속에서 모든 주의를 안으로만 돌릴 수는 없다. 적절하게 환경과 상호작용을 하면서 주의의 일부를 자기 자신에게 줄 수 있어야 한다. 역시 연습, 훈련이 필요하다. 다행스럽게도 우리는 어떤 일이든 반복해서 숙달하면 적은 주의만으로도 그 일을 해낼 수 있다.

동기-인지 마음챙김에서는 자신의 동기와 인지, 특히 비현실적이거나 과도한 동기와 비합리적 인지전략을 탐지하고 알아차리면 된다. 굳이 그것을 바꾸려고 할 필요는 없다. 비현실적이거나 과도한 동기와 비합리적 인지전략을 바꾸려고 하지 않고 알아차리기만 해도, 이것들이 우리에게 주는 부정적 영향이 줄어든다. 자신이 비현실적이거나 과도한 욕구를 갖고 있고 비합리적 생각을 하고 있는 줄 모르면 그것에 빠져서 지속하게 되지만, 마음챙김을 하면 동기 및 인지와의 사이에 '거리'가 생기고 동기와 인지를 동기와 인지로 볼 수 있게 된다.

동기와 인지를 찾기 어렵다면 어떤 동기의 좌절 혹은 좌절예상인지 생각해본다. 다시 말해 어떤 기분, 어떤 감정인지를 돌아본다. 기분이나 감정은 동기 상태를 반영하는 지표이므로 스트레스와 관련된 동기를 찾는 데 도움이 된다. 아울러 관련된 동기와 인지전략은 무엇인지 찾아본다.

호흡, 몸, 행위 바라보기

동기-인지 마음챙김 외에도 평소에 호흡 마음챙김, 몸 마음챙김, 행위 마음챙김 등 일반적인 마음챙김을 수행하는 것이 생각을 다스리는 데 도움이 된다. 또한 평소에 이러한 일반적인 마음챙김 수행을 하면 동기-인지 마음챙김에도 도움이 된다.

앞서 체화된 인지, 체화된 마음에서 설명했듯이, 우리 마음의 작용에는 몸 상태가 영향을 준다. 자신의 호흡을 바라보고, 몸의 감각에 주의를 주고, 행위를 바라보는 훈련은 몸에 변화를 가져온다. 호흡 마음챙김 명상을 위해 바르게 자세만 잡아도 평소의 몸과는 다른 상태가 된다. 마음챙김 명상을 통해 몸을 이완시킬 수 있고, 생각에 집착하지 않는 훈련을 하게 되면 몸도 바뀐다. 몸이 바뀌면 생각하는 방식도 바뀐다.

호흡 마음챙김 명상

호흡에 주의를 집중한다는 것은 호흡감각에 주의를 집중하는 것이다. 호흡은 외부의 공기가 몸 안으로 들어오고 몸 밖으로 나가는 과정이다. 이 과정에서, 가슴이나 배에서는 올라가고 내려가는 운동에 따른 팽창과 수축의 감각이 느껴진다.

명상 초보자라면 호흡에 집중하는 걸 높이기 위해 호흡을 세는 것도 좋다. 예를 들어 하나, 둘, 셋… 하는 식으로 날숨 횟수만 열까지 센 다음 다시 하나로 돌아와서 열까지 세는 것을 반복한다.

시곗바늘 소리, 발자국 소리, 대화 소리 같이 밖에서 들리는 이런저런 소리와 다투지 않도록 한다. 그냥 내버려두는 것이 소리에 간섭을 받지 않는 최선의 방법이다. 안 들으려고 하면 할수록 더 들린다. 그냥 내버려둔다. 비틀즈의 노래 제목처럼 'let it be' 한다.

안에서 이런저런 생각이 들어도 그 생각과 다투지 않는다. 생각도 안 하려고 하면 할수록 더 떠오른다. 그저 그러거나 말거나 내버려둔다. 자꾸 생각이 난다고 실망하거나 자책할 필요도 없다. 그런 것도 일종의 생각이다. 생각이 나면 난 줄 알고 '음, 그래.' 하고 다시 호흡으로 돌아오면 된다.[27]

몸 마음챙김 명상

몸 마음챙김은 머리끝에서 발끝까지 몸에서 느껴지는 감각 하나하나에 객관적인 주의를 주는 것이다. 몸 마음챙김을 할 때는 단순한 촉감이든, 쑤시거나 얼얼한 통증이든, 딱딱하거나 압박하는 느낌이든, 따뜻하거나 시원한 온도감각이든 간에 몸에서 느껴지는 감각을 있는 그대로 바라본다. 이때 감각을 통제하려고 하지 않는다. 즉 특정한 감각을 원하거나, 싫은 감각을 원하는 감각으로 바꾸려고 하기보다는 느껴지는 감각을 있는 그대로 받아들이며 정확하게 느끼도록 한다. 이와 같이 통제하려고 하지 않고 단지 바라보는 것만으로도 몸은 편안하게 이완된다. 그러나 급성통증과 같은 경우에는 당연히 필요한 의료적 처리를 해야 한다. 그래야 그 후에 지속되는 통증을 마음챙김하는 것에 도움이 된다.

몸 마음챙김 명상을 할 때는 감각을 느낄 수 있는 모든 부위에 객관적 주의를 준다. 피부, 근육, 내부 기관 등 감각을 느낄 수 있는 모든 부위에 주의를 주며 있는 그대로 바라본다. 서두르지 말고 시간을 갖고 천천히 몸의 각 부위에서 일어나는 감각을 음미하듯이 바라본다. 잡념이 들면 없애려 하지 말고, 외부 소리가 들리면 안 들으려고 하지 말고 그냥 내버려둔다. 단지 가만히 몸의 감각에 좀 더 주의를 준다.[28]

마음을 바라보면

마음챙김 명상을 꾸준히 하면 자기에 대한 통찰을 얻고 생각을 다스리는 데 도움이 많이 된다.

아래는 마음챙김 명상을 꾸준히 연습한 사람들의 소감 중 일부다. 마음챙김 명상의 다양한 적용 사례는 『스무 살의 명상책』(김정호, 2014)을 참고하기 바란다.

"친구들이 강의실에서 바로 뒷자리에 앉아 있는 나를 빼고 자기들끼리 과자를 나눠 먹었다. 서운한 마음이 들기 시작했고, '내가 싫어서 그러는 건가.' 하며 우울의 늪으로 빠져 들어갈 것 같은 기분이 들었다. 이때 마음챙김 명상이 떠올랐다. 심호흡을 길게 두 번 정도 하고 '지금 내가 서운하다고 느끼는구나.' '안 끼워줘서 섭섭해하고 있구나.'라고 한 발짝 떨어져서 나를 관찰하였다. 일단 나에게서 거리를 두고 생각하니 감정의 파도에 휩쓸리지 않아서 좋았다. 나를 감정에서 떨어뜨려 생각한 뒤 다시 심호흡을 한 번 가볍게 하고는 웃으면서 친구들에게 '나도 같이 먹자~'라고 했다. 친구들은 웃으면서 과자를 나눠 주었다."

"마음챙김 명상이 공부에 도움이 되었다. 공강 시간에 복습을 하려고 도서관에 갔는데 마음이 잡념들로 가득 차 있어 교재가 눈에 들어오지를 않았다. 내 머릿속이 도화지라면 그 도화지가 여러 가지 낙서들로 가득 차 있어 새로운 것을 그릴 자리가 없는 것 같았다. 이때 눈을 감고 호흡 마음챙김 명상을 하였다. 명상을 하는데 자꾸 다른 생각이 들었지만, 교수님께 배운 대로 마음속에 꽃을 그리듯이 했다. 생각이 떠오르고 그것을 따라가게 되더라도 알아차리고 부드럽게 다시 호흡으로 돌아왔다. 시험기간에 복잡한 머릿속을 정리할 때도 나는 꽃잎을 하나씩 그리면서 명상을 한다. '내가 지금 하는 것은 머릿속의 도화지를 깨끗이 지우는 거야.'라고 생각하면서 명상을 하고 나면 확실히 새로운 것을 흡수하기 좋은 상태로 정리가 가능해졌다."

관찰하듯, 처음처럼, 바라보기

일상생활을 하면서 마음챙김을 적용하는 연습을 할 때 다음과 같은 자세가 도움이 된다.

첫째, 자기 자신에 대해 약간의 호기심을 가지고 마치 다른 사람을 관찰하듯이 한다. 각 상황에 처했을 때 마음에서 어떤 경험이 느껴지는지, 몸이 어떤 행동을 하는지 구경하듯이 한다.

둘째, 사람을 만날 때 가급적 처음 보는 사람처럼 대한다. 선입견을 내려놓고 그 사람이 마치 간밤에 자고 새로 태어난 사람인 듯이 대한다. 대체로 정보처리는 '위-아래로의 처리'(top-down processing)의 경향이 강해서 우리가 가지고 있는 선입견이 상대방을 이해하는 데 큰 영향을 주며, 자기충족적 예언으로 인해 상대방으로부터 자신의 선입견에 일치하는 행동을 유도하는 경향이 있다. 상대를 처음 보는 사람처럼 대하면, 자신이 사람들을 대할 때 마음에서 어떤 생각들이 일어나는지 더 잘 관찰할 수 있다.

셋째, 스트레스의 부정정서를 경험할 때 가급적 회피하지 말고 떨어져서 지켜보겠다는 자세를 취한다. 부정정서가 더 잘 자각되고 그 영향력이 줄어든다. 이러한 훈련은 주어진 상황을 받아들이는 힘을 키워준다.

주어진 상황을 받아들이는 힘, 즉 인내심(tolerance)을 기르는 것은 동기의 변화에 매우 중요하다. 동기-인지 분석으로 자신의 동기가 과도하거나 인지가 비합리적이라는 것을 알아도 그것을 쉽게 변화시키기는 어렵다. 반복해서 분석하며 새로운 대안적 동기나 인지로 대체하는 연습이 필요하다. 또한 마음챙김으로 지켜보는 연습은 마치 근육을 키우듯이 스트레스에 대한 인내심을 키워 스트레스 상황에 대한 회피 동기를 줄여준다.

16

논리로 스트레스 깨부수기
: ABCDE 기법

생각의 구조를 바꾼다: 인지재구조화

ABCDE 기법은 인지재구조화(cognitive restructuring)의 대표적인 기법이다. 인지재구조화는 비합리적이거나 비적응적인 생각을 여러 가지 방법을 통해 변화시키는 것으로, 인지치료 혹은 인지행동치료[29]의 주요한 치료기법이다.

인지행동치료에서 인지재구조화는 비합리적인 혹은 부적응적인 생각을 파악하고 이러한 생각을 논리적 논박, 소크라테스 문답법, 이득-손실 분석, 행동실험 등을 통해 변화시키는 기법을 말한다.[30] 인지재구조화는 다양한 임상 현장에서 긍정적 효과를 보여주고 있다.

인지재구조화는 특정 대상에 대한 공포증의 치료에 도움이 된다. 실험실에서 특정 대상에 대한 공포를 형성한 후 인지재구조화로 공포를 감소시킨 연구 결과가 있다.[31] 먼저 거미나 뱀 사진을 보여주며 손목에 약한 전기 자극을 주어 거미나 뱀에 대해 공포반응을 일으키도록 조건형성을 했다. 그 후 생각과 감정 간의 관계에 대해 토론 교육을 하고, 조건자극을 덜 부정적으로 보는 방법에 대해 브레인스토밍을 하는 등 조건자극을 다르게 생각하도록 하였다. 이어서 조건자극을 다시 제시했을 때 조건자극에 대한 주관적 공포뿐만 아니라 피부전기반응도 감소하였다.

최근 연구에 따르면[32] 몸의 통증도 그 의미를 긍정적으로 바꾸면 통증의 강도를 줄일 수 있었다. 또한 이 연구에서는, 이러한 생각의 변화가 뇌의 아편계(opioid system)와 카나비노이드계(cannabinoid system)를 함께 활성화시킴으로써 통증 감소 효과가 일어난다는 사실을 밝혀냈다. 생각을 변화시키면 뇌의 물질적 변화가 일어나는 것이다.

ABCDE 기법이란 무엇인가

인지재구조화의 대표적인 기법인 ABCDE 기법은 스트레스를 경험할 때 그 스트레스를 만드는 데 관여한 비합리적 인지를 파악하고 논박함으로써 스트레스를 없애거나 줄이는 방법이다.

ABCDE 기법의 ABCDE는 스트레스를 분석하고 논박하여 스트레스를 없애거나 줄이는 다섯 단계 각각의 영어 명칭 첫 자들을 딴 것이다. 각 단계는 다음과 같다.

A(선행 사건; Activating event): 스트레스 반응을 일으키는 주요한 자극 또는 사건, 즉 사실에 해당함

B(믿음; Belief): 선행 사건에 대한 비합리적인 믿음, 즉 사실에 대한 판단에 해당함

C(결과; Consequences): 선행 사건에 대한 비합리적인 믿음의 부정적 결과로서 인지·정서적, 신체적 및 행동적 효과로 구성됨

D(논박; Dispute): 각각의 비합리적인 믿음을 논박하여 더욱 합리적인 믿음과 자기대화로 대체하는 과정

E(효과; Effects): 논박에 따른 결과로서 인지·정서적, 신체적 및 행동적 효과로 구성됨

ABCDE 기법에서 가장 핵심적인 부분은 효과적인 논박이다. 논박은 논리적 논박, 경험적 논박, 실용적 논박으로 나눌 수 있다.[33]

논리적 논박은 자신이 가진 비합리적 생각의 비논리성을 지적하는 것이다. 내가 원한다고 해서 그것이 꼭 그래야만 한다고 생각하는 것은 논리적이지 않다는 점을 이해하는 것이다. 예를 들어 내가 모든 사람에게 '인정받기를 원하고' 또 상대방이 나를 '인정해주면 좋겠지만' 그렇다고 해서 반드시 누구나 나를 '인정해주어야 하는' 것은 아니라는 사실을 이해하는 것이다.

경험적 논박은 비합리적 생각의 현실성을 질문하는 것이다. 자신이 가지고 있는 절대적 요구가 거의 항상 현실과 일치하지는 않음을 인식해야 한다. 예를 들면 모든 사람으로부터 사랑받는 것이 현실적으로 가능하지 않음을 인식하는 것이다.

실용적 논박은 비합리적 생각이 야기하는 정서적·행동적 결과를 통해 그 생각이 자신에게 도움이 되는지 질문하는 것이다. 예를 들어 모든 사람에게 인정받아야 한다고 생각하는 경우 얻을 수 있는 결과가 무엇인지 질문해본다. 그러면 모든 사람에게 인정받으려 하는 경우 자기 내면의 요구보다는 타인을 의식한 행동을 하게 되고, 그 행동을 남이 어떻게 평가할지 걱정하며 불안을 느낄 수 있음을 알게 된다. 또 불안하다 보면 행동이 부자연스럽게 나타날 수 있고, 긴장하여 실수라도 하면 자기비난을 면치 못하게 될 것임도 예상 가능하다. 이처럼 비합리적 생각이 유발하는 부정적인 측면을 인식하고 좀 더 합리적인 방향으로 생각을 전환하는 노력을 통해 스트레스 감소 효과를 경험할 수 있다.

동기인지행동치료의 관점에서 살펴보면, ABCDE 기법에서는 동기와 인지의 구분이 명료하게 다뤄지지 않고 있다. ABCDE 기법은 특히 엘리스(Albert Ellis) 등의 합리-정서-행동치료에서 발전한 기법이다.[34] 엘리스 등이 스트레스의 원인이 된다고 보는 비합리적 믿음의 유형들을 보면 당위에 대한 것이 많이 나오는데, 동기인지행동치료의 관점에서 보면 많은 부분이 비합리적 인지라기보다는 비현실적 혹은

과도한 동기로 파악된다.[35]

동기인지행동치료에서는 ABCDE 기법의 논박을 두 종류로 나눌 수 있다. 하나는 믿음의 사실성에 대한 논박이고 다른 하나는 믿음의 의미 혹은 중요도에 대한 논박이다. 믿음의 의미 혹은 중요도에 대한 논박에서는 B(믿음)가 사실이라고 해도 '그것이 문제가 될 만한 것인가'를 검토하는 논박을 통해 인지만이 아니라 동기에 변화를 가져온다. 논박으로 믿음의 의미나 중요도를 낮추면 그 믿음과 관련된 동기의 크기가 감소함으로써 스트레스도 줄어들기 때문이다.

ABCDE 기법, 어떻게 할까

〈사례1〉

A(선행 사건)

아침에 김 부장님이 인사를 받지 않고 지나가셨다.

B(믿음)

- 나를 좋아하지 않으시나 보다.
- 다음 인사고과에서 낮은 점수를 받게 될 거야.
- 그러다 보면 회사에서 퇴출될지도 몰라.

C(결과)

- 인지-정서적 효과: 집중력이 감소하고 일이 손에 잡히지 않음.

불안하고 우울함.

- 신체적 효과: 눈이 뻑뻑함, 소화가 잘 안 됨.
- 행동적 효과: 사람들과 잘 어울리지 않게 됨. 작은 일에도 짜증이 늘어남.

D(논박)

사실과 판단을 구분하자.

- 김 부장님이 오늘 아침에 사모님과 다투고 나와서 계속 그 생각을 하느라 나를 못 보셨을지도 몰라. ← 믿음의 사실성에 대한 논박
- 어쩌면 내가 인사했을 때 어떤 할 일을 생각하시느라 나에게 주의를 못 주셨을 수도 있어. ← 믿음의 사실성에 대한 논박
- 또 설사 김 부장님이 내가 인사하는 것을 보고도 인사를 안 받았다 해도 그것이 그렇게 큰 문제는 아니야. ← 믿음의 의미 혹은 중요도에 대한 논박

E(효과)

- 인지-정서적 효과: 다시 일에 집중이 됨. 불안과 우울이 사라짐.
- 신체적 효과: 눈이 뻑뻑하고 소화가 잘 안 되는 증상이 사라짐.
- 행동적 효과: 사람들과 다시 잘 어울림. 일에 대한 짜증이 감소함.

〈사례 2〉

A(선행 사건)

고3 때 대학수학능력시험을 치르기 위해 고사장에 앉아 있었다.

B(믿음)

시험을 잘 봐야 하는데 잘못 보면 어쩌지 하는 걱정이 계속되었다.

C(결과)

극심한 긴장으로 배가 아픔. 1교시 언어영역을 치르는 도중에는 긴장이 극에 달해 지문의 내용은 읽히지 않고 시간만 흘러가니 패닉 상태에 빠질 것 같았음. 이렇게 제대로 문제를 풀지 못한 채 언어영역 시간이 끝나 버릴 것 같아 더욱 불안해짐.

D(논박)

이대로 포기를 할까 하는 생각이 순간적으로 스쳤지만, '그래 일단 시험은 최선을 다해서 보자. 안되면 그냥 재수하면 되지.'라고 마음을 고쳐먹음. ← 믿음의 의미 혹은 중요도에 대한 논박(믿음과 관련된 동기의 크기가 줄어듦으로써 동기좌절예상의 두려움이 감소함)

E(효과)

거짓말처럼 긴장도 풀리고 스트레스도 줄어들어서 언어영역을 제외한 수능 시험을 편안하게 봄. 스트레스가 줄어든 상태에서 편안한 마음으로 시험을 보니, 예상했던 것보다 결과도 좋음.

〈사례 3〉

A(선행 사건)

오랜만에 만난 친구가 이렇게 말했다. "넌 왜 그렇게 보기 힘드냐? 말로만 하지 말고, 좀 만나자고. 더럽게 바쁜 척하고 있어."

B(믿음)

바쁜 척이 아니라 진짜 바빴다. 상대방 입장이 되어보지 않고 말을 저렇게 쉽게 하다니! 무례하다.

C(결과)

● 인지-정서적 효과: 화가 남. '아 다르고 어 다른데, 어떻게 말을 참 저렇게 기분 나쁘게 할 수 있나!' 이 친구와 다시 만나고 싶지 않다는 생각이 듦.
● 신체적 효과: 얼굴이 붉어짐.
● 행동적 효과: 얼굴은 웃는 척, 미안하다고 말함.

D(논박)

나와 시간을 함께 보내고 싶은가 보다. 내가 무척 보고 싶었나 보다. 나를 그만큼 좋아하나 보다. 오랜만에 만나니까 감정이 더 격해졌나 보다. 말만 저렇게 하는 거지 마음이 삐딱해져 있지는 않을 거야. 내가 그만큼 만나고 싶은 존재인가 보다. 오히려 고마워하자.

E(효과)

● 인지-정서적 효과: 화가 가라앉음. 거부감도 줄어듦.
● 신체적 효과: 이완됨.
● 행동적 효과: 얼굴이 진짜 웃고 있음. 또 만나자고 약속함.

ABCDE 기법으로 달라진 사람들

스트레스를 받았을 때 ABCDE 기법을 꾸준히 적용하면 자신의 비합리적 인지전략을 잘 알아차리고 논박하기가 쉬워진다.

일정 기간 동안 ABCDE 기법을 꾸준히 연습한 사람들의 소감을 살펴보자.

"스트레스 상황에서 믿음을 논박하며 분석해 보니, 생각도 달라지고 비합리적인 신념도 바뀌어서 스트레스가 줄어들었다. 이 논박 과정을 거치다 보면 처음에는 크게 보였던 스트레스도 점차 가벼워지다가 이내 소멸된다. 마음가짐에 따라 사람이 변화하는 것이 신기하다. 밖-조건은 동일한데 안-조건이 변화하면서 더 건강한 대처법을 취할 수 있게 된 것 같다. 겨우 머리로 믿음을 논박했을 뿐인데 결과는 실로 크다. 나는 비합리적 신념에 자주 빠지는데, 이 과정을 반복하면 통제력과 좋은 대처 방법을 갖출 수 있을 것 같다."

"실제로 동기좌절이 일어난 직후 나는 스스로도 놀랄 만큼 부정적인 생각들을 계속하고 있었다. 그런 부정적인 생각들이 큰 스트레스의 주된 원인임을 알게 되었고, 논박을 통해서 잘못된 나의 인지 체계를 바로잡을 수 있었다.

사실 한 번의 논박으로 부정적인 생각에서 벗어나기는 힘들었다. 적어도 서너 번 이상 스스로를 세뇌하다시피 논박을 했을 때 기분이 좀 나아졌고, 그 문제에서 관심을 조금씩 돌릴 수 있었다. 부정적인 힘에서 벗어나는 것이 하루아침에 쉽게 이뤄질 문제는 아니라는 것을 알게 되었다. 앞으로도 문제에 부딪혔을 때 끊임없이 스스로를 논박하면서 긍정적으로 풀어나가는 방법을 몸으로 익혀야 도움이 될 거라는 생각이 들었다."

"나는 매우 감정적이고, 이성적이지 못한 편이었다. 어떤 상황이 닥치면 감정이 먼저 올라왔고, '화낼 만한 상황이다.'라고 인지되는 순간 바로 쏘아대는 타입이었다. 그로 인해 자주 손해를 봤다. 하지만 조금 진정이 되고 나면 '그 상황에서 화를 내지 않아도 되었을 텐데… 왜 화를 냈지?'라는 자각에 부끄러웠고 실수했다는 생각이 드는 경우가 많았다.

내가 가지고 있는 비합리적 신념을 논박하는 과정을 통해 분석해봤다. 이 논박 과정에서 드는 생각은, 화가 가라앉고 나서 차분히 돌이켜보는 과정에서 드는 생각과 비슷했다. 후회할 만한 상황을 만들고 나서 하는 사후 분석에서 있었던 내용이 대부분이었다. 사후 분석을 통해 데이터가 쌓인다면, 후회스런 사건을 사전에 예방하는 데도 효험이 있지 않을까? 다시 말해 이러한 분석과 논박을 통해 데이터를 차근차근 쌓았다가 나중에 비슷한 상황이 다가

올 때 적용하면, 후에 있을 부정적인 결과들을 줄이는 데 일조할 수 있을 것이다."

차근차근 해나가는 것이 왕도

ABCDE 기법이 모든 스트레스 사례에 적절하게 적용되는 것은 아니다. 자칫 무리해서 적용하다 보면 스스로 합리화하는 것은 아닌가 하는 회의도 들 수 있다. 적용이 쉬운 사례부터 꾸준히 적용해가는 것이 좋다.

17

구나-겠지-감사
: 나-지-사 기법

나-지-사 기법이란?

나-지-사 기법은 우리나라의 용타 스님이 개발한 '동사섭' 프로그램에서 교육하는 기법의 하나다. '나-지-사'는 '구나-겠지-감사'의 약자로서 자신의 스트레스에 대해 '…하는구나' '…겠지' '…해서 감사하다'의 순서로 스트레스 사건을 재해석하는 방법이다.[36]

동기인지행동치료의 관점에서 보면, 나-지-사 기법은 생활 속에서 스트레스를 경험할 때 여전히 존재하는 동기충족을 찾아 활성화함으로써 스트레스를 줄이고 웰빙을 늘린다.

현재 상담이나 치료 현장에서 사용되는 대부분의 심리기법이 외국으로부터 수입된 것임에 반해, 나-지-사 기법은 국내에서 개발됐다는 점에서 주목할 만하다. 다만 아쉬운 점은 나-지-사 기법을 적용

한 실증 연구가 적다는 것이다.[37]

나-지-사 명상이라고도 하고 지족(知足) 명상이라고도 하는 나-지-사 기법은 스트레스를 아래의 순서로 재구성한다.

1) 구나: 스트레스 사건을 멀리 놓고 바라본다. 스트레스 사건의 원인 제공자로 꼽은 사람을 두고 '○○가 …을 하는구나'라고 알아차리며 바라본다. 용타 스님은 '구나'를 할 때 마음이 평화로워지고 고요해지는 것을 느껴보라고 한다.
2) 겠지: 상대에게 '그럴 만한 사정이 있겠지.'라고 생각한다. 이때도 마음이 평화로워지고 고요해짐을 느껴보라.
3) 감사: 그만하니 감사하다고 생각한다.

용타 스님은 한 강연에서 동사섭 프로그램에 참여한 교사의 이야기를 들려준다.[38]

참고로 이 선생님은 평소 무척 엄해서 학생들이 무서워할 뿐 좋아하지 않았다고 한다. 그러나 나-지-사 기법 훈련을 통해 너그럽고 인기 있는 교사가 되었다고 한다. 다음 사례는 한 학생이 지각을 해서 겁을 먹고 교실 문을 열고 들어오는 상황이다.

1) 구나: 철수야, 지각을 했구나.
2) 겠지: 그럴 만한 사정이 있었겠지.

3) 감사: 그래도 결석하지 않고 와주어 고맙구나.

같은 분의 또 다른 사례를 보자. 이 사례는 방과 후에 청소 당번 학생들이 청소를 하지 않고 놀고 있는 상황이다.

1) 구나: 너희들이 청소를 하지 않고 놀고 있구나.

2) 겠지: 너희 나이 때는 많이 놀고 싶겠지.

3) 감사: 그래도 도망가지 않고 남아 있어주어 고맙구나.

용타 스님은 반복해서 연습할 것을 강조한다. 기억 속의 모든 것을 하나씩 노트에 적고서, 그 상황을 떠올리며 나-지-사 연습을 하도록 권장한다.

'구나'는 일종의 마음챙김으로 볼 수 있다. 사건 자체에 매몰되지 않고 그것을 떨어져서 바라보기 때문이다. 또 일반적으로 나-지-사 기법의 '구나'에서 대상은 다른 사람이지만, 마음챙김 명상의 관점에서 자기 자신도 대상으로 삼아 '…하는구나'를 적용할 수 있다. 이렇게 하면 자기자비 명상의 효과를 불러올 수도 있다.[39] 대상이 다른 사람이든 자기든 혹은 어떤 상황이든, 있는 그대로 떨어져서 봄으로써 대상을 더 잘 받아들일 수 있다.

따라서 '구나'에서는 자기 자신과 상황을 마음챙김하듯이 가능한 한 정확하게 묘사하는 것도 좋겠다. 스트레스 상황에서 자신이 화가 났다면 '화가 났구나.', 불안하다면 '불안해하는구나.' 하고 알아준다. 관련해서 어떤 생각이나 동기가 탐지된다면 그것들을 앞의 '마음챙김' 부분에서 설명한 것처럼 명명해준다. 상황과 관련된 상대방의 행동에 대해서도 가급적 객관적으로 기술한다. 판단을 배제하고 사실적 기술을 한다.

'겠지'는 스트레스 상황을 다르게 보는 것이다. 스트레스를 구성하는 방식으로 인지전략을 사용했다면 그것을 멈추고 대안적인 생각을 내는 것이다. 일반적으로 다른 사람의 행동과 마음에 대한 긍정적 해석(어떤 의미에서는 긍정적 독심술사고)을 한다.

'겠지'는 자기 중심의 (정보처리) 관점에서 타자 중심의 관점으로 전환하기라고도 할 수 있다. 다른 사람의 안-조건(동기, 인지, 정서, 감각)에 대해 가급적 그 사람의 입장에서 생각해본다.

'구나'에서처럼 '겠지'에서도 상대방뿐만 아니라 자기 자신에 대해서도 '겠지'를 적용할 수 있다. 자기 자신을 엄격하고 매몰차게 비판하기보다는 따뜻한 자비의 눈으로 바라본다. 자기 자신을 지나치게 따뜻하게 대하다 보면 자기발전이 없을 수 있다. 하지만 경쟁이 치열한 현대 사회에서는 자기를 엄하게 대하기가 쉬우므로, 지나치다 싶을 정도로 너그럽게 대하는 것이 자기를 균형 있게 대하는 길이 될 것이다.

'겠지'에서 과거나 현재의 상태만이 아니라 미래의 상태에 대한 추론도 포함할 수 있다. 이렇게 하면 동기좌절예상을 동기충족예상으로 바꾸는 데 도움이 된다.

'감사'는 동기인지행동치료의 관점에서 볼 때 감사한 점을 찾겠다는 동기의 확립을 전제로 한다. 감사의 동기를 통해 외부든 자기 자신이든 주어진 조건에서 여전히 존재하는 감사한 점을 찾는다.

'감사'는 잠재된 동기충족의 동기 상태를 활성화시켜 웰빙을 늘리고 스트레스를 줄인다. 좌절되었거나 좌절이 예상되는 동기는 내려놓고 새로운 동기의 활성화에 정신자원을 부여한다. 감사를 찾겠다는 동기는 감사한 점에 주의를 기울이는 새로운 긍정적 정보처리를 가능하게 해준다.

감사는 스트레스를 만드는 방식으로 확대-축소를 하는 데 익숙한 사람에게 반대로 웰빙을 만드는 방식으로 확대-축소를 하게 한다고 할 수 있다.

인지행동치료에서 주로 사용하는 ABCDE 기법이나 소크라테스 문답법처럼 문제가 되는 생각을 논박하여 생각을 고치려는 방법과는 달리, 나-지-사 기법은 처음부터 긍정적인 측면에 주의를 주고 웰빙을 구성하는 방법이다.

이럴 땐 이런 나-지-사 기법을

나-지-사 기법을 잘 적용하기 위해서는 나-지-사 기법을 통해 자신의 스트레스를 줄이거나 없애겠다는 동기 외에도 자기성장의 동기를 갖추는 것이 좋다. 스트레스를 통해 오히려 인간적으로 성장하겠다는 동기를 세우면 좀 더 적극적으로 나-지-사 기법을 적용할 수 있게 된다.

〈사례 1〉

지하철에 앉을 자리가 없을 때

나: 지하철에 사람들이 다 앉아서 앉을 자리가 없구나.

지: 다들 피곤하니 자리에 앉아서 오고 싶겠지.

사: 지하철에서 서 있는 것만으로도 운동 효과가 있다고 한다. 평소에 운동을 하지 않는데 이번 기회에 서 있음으로써 운동 효과를 볼 수 있으니 감사하다.

〈사례 2〉

공부를 해야 하는데 집중이 잘 되지 않을 때

나: 내 머릿속에서 자꾸 딴 생각이 떠오르는구나. 지금 내가 공부에 집중이 잘 안되는구나.

지: 며칠 동안 열심히 공부를 해서 머리에 과부하가 걸렸겠지.

사: 예전에는 '모 아니면 도'의 성격이라 하루라도 공부가 안 되면 공부를 다 포기해버리고 싶었는데, 이번에는 공부를 다 포기해버리겠다는 생각을 하지 않아 나에게 감사하다.

〈사례 3〉

학교 수업과 병행해서 따로 시험을 준비해야 해서 힘들 때

나: 학교 수업도 듣고, 혼자 도서관에서 자격증도 준비하느라 내가 힘들어하는구나.

지: 학교 수업도 소화하기 힘든데, 친구들이 학교 수업 마치고 쉴 때 혼자 도서관에 틀어박혀 공부하느라 힘들었겠지.

사: 누가 시켜서 하는 것도 아니고 혼자서 세운 계획에 맞추어 공부를 해내는 것이 대견하고 나에게 감사하다.

〈사례 4〉

출근시간에 서두르다가 이어폰을 놓고 나왔을 때

나: 음악을 못 들어서 짜증이 나는구나. 이어폰을 잊고 나온 나 자신을 한심하다고 생각하는구나.

지: 바쁘면 물건을 놓고 올 수도 있지.

사: 요즘 음악을 너무 자주 들어서 귀도 아팠는데 오히려 귀를 편하게 해주는 계기가 되니 감사하다. 또 음악 듣는 시간에 책을 읽는 좋은 계기가 되어서 감사하다.

〈사례5〉

정말 보내고 싶은 유치원이 있었는데 추첨에서 떨어졌을 때

나: 유치원 추첨에서 떨어지고 대기자 번호도 터무니없는 번호를

뽑았구나.

지: 운명이겠지.

사: 추첨도 안 하고 들어갈 수 있는 유치원이 있어서 감사하다.

〈사례 5〉

지하철을 타려고 열심히 뛰었는데 눈앞에서 전동차 문이 닫힐 때

나: 전동차가 0.1초도 안 기다려주고 갔구나.

지: 다음에 탈 수 있는 날도 있겠지.

사: 이 열차를 꼭 안 타도 시간 여유가 있으니 감사하다.

〈사례 6〉

아이들이 서로 물건을 갖겠다고 싸우고 울 때

나: 아, 애들이 시끄럽게 울고 있구나.

지: 서로 자기주장도 있고 갖고 싶고 하겠지.

사: 이렇게 건강하게 크고 있고, 서로 때리면서 싸우지 않으니 감사하다.

나-지-사 기법으로 이렇게 달라졌어요

스트레스를 경험할 때 나-지-사 기법을 적용하면 평소에 적용하

던 부정적 대처 방법이 멈춰져서 스트레스의 지속과 증폭 역시 멈춘다. 또 평소와는 상황을 다르게 보게 되어 동기충족과 동기충족예상을 가져오는 인지를 형성할 수 있게 된다.

일정 기간 동안 나-지-사 기법을 연습한 사람들은 다음과 같은 효과를 보았다고 증언한다.

1) 상대의 입장을 이해하게 된다

특히 '겠지'를 하면서 자기 입장이 아니라 상대 입장에서 생각해보게 된다. 상대가 공감되는 자기의 유사한 사례가 떠올라 상대의 입장이 좀 더 이해되기도 한다. 예의 없게 행동하거나 사소한 것에 고집을 부리고 화를 내는 사람에 대해서, 그가 내면에 자격지심이나 열등감 같은 문제를 가지고 있거나 스트레스 상태에 있을 거라고 생각할 수 있게 된다. 이와 같이 한 사람의 행동을 다양하게 이해하는 조망을 개발하고 상대의 입장에 대한 이해심이 활성화되고 증진됨으로써 상대의 행동을 받아들이기가 용이해진다.

> "나는 나-지-사 기법이 참 좋았다. 나-지-사 기법을 모든 스트레스에 적용하기는 불가능했지만 일부 스트레스에는 적용이 가능했고, 그때마다 큰 도움을 받았다. 다양한 관점을 도입하면 다른 이를 이해하는 방법을 잘 체득할 수 있다. 지금 이 글을 적어 내려가면서도 가슴이 따뜻해지는 기분이 든다."

2) 인간의 보편적 현실에 대한 이해

특히 자기자비의 형태로 나-지-사 기법을 연습하면 '구나'를 하면서 있는 그대로 자신을 볼 수 있게 된다. 나를 객관적으로 조망하면 다른 사람들도 나처럼 불안, 분노, 우울 등의 고통을 경험함을 이해하게 되고, 그 결과 나 자신뿐 아니라 타인도 따뜻하게 감싸 안게 된다. 나만 고통을 경험하는 것이 아니므로 주어진 고통이나 자기 자신의 부족한 점을 좀 더 쉽게 받아들일 수 있다. 이에 따라 부정적인 반추를 차단할 수 있게 된다.

"시험기간이라 놀지도 못하고 잠도 오래 못 자기 때문에 엄청난 스트레스를 받는다. 다른 친구들도 나와 마찬가지로 힘들 것이다. 친구들에게 물어보니 '나는 아직 시작도 안 했어. 집에 가서 밤새야 해.'라고 답한다. '집에 가서 밤새야 하는 사람이 나만은 아니구나. 모두 나처럼 시험을 준비하느라 힘들구나.' 하는 생각이 들어 안도감을 느낀다."

3) 자기객관화

자기 자신에게 나-지-사 기법을 적용하다 보면 자기에 대한 객관화가 이루어진다. 이것은 자기유머로 연결되기도 한다.

"처음에는 너무 화가 나고 짜증이 나서 나-지-사를 하기가 쉽지 않았다. '기획부터 새로 다시 시작해야 하는구나.'라고 생각하니 매우 답답했다. '누구나 시행착오를 겪으면서 하는 것이겠지.' '그래도 한 부분만 틀려서 감사하다.'라고 생각하니 조금 웃음이 났다. 긍정적인 부분이 전혀 없다고 생각했는데 억지로라도 긍정적인 부분을 찾으니 조금 웃겼다. 긍정적인 면이 있다는 것이 놀라웠다. 다행히 많이 틀린 것은 아니라는 생각이 들었다. 화가 났던 마음이 가라앉았고 다시 과제를 시작했다."

4) 스트레스 후의 빠른 안정

스트레스 상황에서 나-지-사 기법을 반복해서 적용하다 보면 스트레스의 여파가 빠르게 사라진다.

"나-지-사를 적용했을 때 가장 먼저 느낀 변화는 흥분되거나 짜증이 날 상황에서 안정을 빨리 찾을 수 있었다는 것이다."

5) 긍정적 사고방식

나-지-사 기법 훈련은 긍정적 사고방식을 길러준다.

"타인을 자애로운 시선으로 바라보는 사람이 있는 반면 이유 없는 적개심을 가지고 바라보는 사람도 있다. 나에게는 다소 후자의 경향이 있다. 아마도 과거의 안 좋은 경험을 확대시켜서 사람에 대해 부정적인 과일반화를 했기 때문인 것 같다. 나-지-사 기법 연습은 이러한 문제점을 해결하는 데 도움을 주는 것 같다. 타인의 행동에 관해 부정적 독심술사고 대신 긍정적 독심술사고를 가능하게 함으로써 타인에게 좋은 마음을 품을 수 있게 하는 것 같다."

"나-지-사 단계 중에서 '사' 단계가 나를 웰빙으로 제일 잘 이끌어주었다. 스트레스를 겪고 나서도 감사할 수 있다는 생각을 하지 못하고 살아온 나에게 획기적이고 충격적인 발상으로 다가왔다. 하지만 의외로 제일 쉬운 단계이기도 했다. 약간은 억지로 짜낸 감사가 아닌가 하는 생각이 들어 찝찝했지만, 감사하다고 생각한 후에 정말로 마음이 편해지니 된 것 아닐까. 모로 가도 서울만 가면 된다고 하듯이 억지 감사일지라도 나를 웰빙으로 이끌어주었으니 문제가 되지 않았다."

6) 다양하게 보기

일상에서 나-자-사 기법을 적용하다 보면 각기 다른 스트레스 상황에서 긍정적인 점을 찾아내야 한다. 그 덕분에 주어진 상황을 다양하게 보는 조망이 발달한다.

"나-지-사 기법을 적용하면서 생각을 이전보다 넓게 가질 수 있게 됐다. 나는 항상 '이럴 땐 이래야 해.'라고 정해둔 기준들이 많았는데, 이제는 '이럴 수도 있다. 이럴 가능성도 있고.' 하며 어떤 상황에서 가능한 경우의 수를 늘려서 생각하는 습관을 갖게 되었다. 어떻게 보면 이해심이 많아졌다고도 볼 수 있고, 사고의 폭이 넓어졌다고도 할 수 있을 것 같다."

자기연민과 지나친 관대함은 독이 될 수도

자기자비에서 잘못하면 자칫 자기연민에 빠질 수 있다. 마찬가지로 나-지-사 기법을 자기 자신에게 적용할 때, 이 기법이 단순히 자기위로의 수단으로 전락하지 않도록 하는 것이 필요하다. 자기자비는 자칫 자기연민으로 변질될 수 있다. 또 타인에게 적용할 때 지나친 관대함은 오히려 관계를 망칠 수도 있음을 유념하는 것도 좋다. 적절한 자기주장은 건강한 관계에 중요한 요소다. 이러한 점만 유념한다면 꾸준한 적용은 사고방식에 변화를 가져올 것이다.

18

생각습관의 힘
: 웰빙인지기법

좋은 기분을 낳는 생각 모듈

웰빙인지(well-being cognition)[40]기법은 안-밖 합치도와 동기상태이론에 바탕을 둔 긍정심리중재법으로, 웰빙인지를 활성화함으로써 스트레스의 감소 또는 웰빙의 증진을 목표로 한다.[41] 동기인지행동치료의 관점에서 볼 때 웰빙인지기법은 상황을 다르게 해석하는 웰빙인지를 활성화함으로써 스트레스의 동기 상태를 줄이거나 웰빙의 동기 상태를 늘리는 기법이다.

웰빙인지란, 활성화되었을 때 스트레스 정서를 줄이거나 웰빙 정서를 일으키는 인지다. 일반적으로 문장이나 구절('그럴 수도 있다.' '별일 아니다.' '이것이 더 좋을 수도 있다.' '이 또한 지나가리라.' '범사에 감사하라.' '인간만사 새옹지마.' '왕관을 쓰려면 왕관의 무게를 견뎌라.' 등)로 표현되며, 시, 소설,

에세이, 성경이나 불경의 구절, 속담, 명언, 노래가사 등에서 발췌될 수 있다.

안-밖 합치도에 따르면 인간의 정보처리는 안과 밖의 역동적인 만남이라고 할 수 있다. 안이란 개인의 내면 환경으로 동기, 인지, 정서, 감각 등을 의미한다. 이들은 서로 밀접하게 연결되어 있어서 서로에게 영향을 줄 수 있다. 예를 들어 인지의 변화는 정서에 영향을 줄 수 있고, 반대로 정서 상태도 인지에 영향을 줄 수 있다. 밖이란 개인의 외부 환경을 뜻하는데, 밖-조건의 변화는 안-조건에 영향을 준다.

동기상태이론과 안-밖 합치도의 관점에서 볼 때 웰빙인지기법은 웰빙인지를 일으키는 문장들(웰빙인지 목록)을 밖-조건으로 제공함으로써 안-조건의 웰빙인지를 활성화한다. 그 결과 스트레스 정서의 구성 가능성을 줄이고 웰빙 정서의 구성 가능성을 늘려 동기 상태에 변화를 가져온다.

동기상태이론에서 스트레스란 동기좌절과 동기좌절예상의 동기 상태이며, 웰빙이란 동기충족과 동기충족예상의 동기 상태다. 따라서 동기상태이론으로 볼 때 웰빙인지는 동기좌절과 동기좌절예상의 스트레스 상태를 줄이거나, 동기충족과 동기충족예상의 웰빙 상태를 늘리는 데 도움을 주는 인지로서 일반적으로 문장이나 문구로 표현된다.

참고로 자기효능감(self-efficacy)은 바라는 결과를 획득할 수 있다는 믿음을 뜻하는데, 언어를 통한 설득이 자기효능감을 키울 수 있는 것으로 알려져 있다.[42] 이렇게 볼 때 웰빙인지는 자기효능감을 키우는

데도 기여할 수 있다고 할 수 있다.

종합하면, 웰빙인지기법은 웰빙 정서를 유발하는 문장이나 문구들을 밖-조건으로 제공함으로써 개인의 안-조건을 변화시키고, 그 결과 개인의 동기좌절 및 동기좌절예상의 스트레스를 줄이거나 동기충족 및 동기충족예상의 웰빙을 늘리는 기법이다.

스트레스에 직면했을 때, 우리는 선택적 주의로 인해 주의의 폭이 좁아지고 스트레스 상황을 확대해석하는 경향을 보인다. 그 결과 부정정서를 경험하는데, 부정정서는 다시 부정적인 사고를 일으켜 주의의 폭을 더 좁게 만드는 악순환을 초래한다. 반면에 확장-확립이론(Broaden-and-Build Theory)에서도 주장하듯이, 긍정정서는 개인의 사고-행동의 목록을 넓혀 새로운 사고나 행동을 발견할 수 있는 인지적 조망을 넓혀주고 개인적 자원의 확립에 도움을 준다.[43] 스트레스로 인한 부정적인 기분을 조절하는 것은 개인의 주관적 웰빙뿐만 아니라 사회 적응에도 중요한 것이다.

스트레스 상황에서 웰빙인지는 부정적인 인지를 차단하여 부정적 사고와 부정정서의 악순환을 끊음으로써 스트레스를 줄여준다. 또한 웰빙인지기법을 중립적인 상태에서 적용하면 평상시의 긍정정서 상태가 높아져서, 스트레스를 일으킬 수 있는 상황을 만났을 때 인지적으로 완충작용을 해줄 수 있다. 또한 평소에 웰빙인지를 반복하면 부정적 사고를 긍정적 사고로 대체하는 데도 도움이 될 것이다.

여대생들을 바꾼 문장의 힘

웰빙인지기법이 스트레스 감소와 웰빙 증진에 끼치는 효과에 관한 실증 연구도 증가하고 있다.

여자대학 신입생들에게 웰빙인지기법 프로그램을 적용한 연구에서 스트레스 완화와 웰빙 증진이 관찰되었다.[44] 스트레스 검사에서 높은 스트레스를 보인 여자대학 신입생들 가운데, 평소 규칙적으로 떠올리는 문장이나 구절이 없고 프로그램 참가를 희망한 학생들에게 웰빙인지기법을 교육하였다. 웰빙인지기법 프로그램은 1주일에 1회기씩 총 5회기가 진행되었으며, 1회기당 약 60분 정도가 소요되었다.

연구 결과 웰빙인지 적용 집단은 대기-통제 집단에 비해 부정정서 조절기대, 낙관성, 삶의 만족, 삶의 만족예상, 긍정정서에서 유의미한 증가를 보였고, 부정정서와 스트레스 반응 전체 및 스트레스반응의 하위 척도인 신체화, 우울, 분노에서 유의한 감소를 보였다.

참가자들에게 현재 자신에게 가장 도움이 될 만한 문장 다섯 개를 스스로 선택하게 하였다. 선택한 다섯 문장을 각 문장당 최소 10번씩 반복해서 읽도록 하고, 적어도 하루에 두 번 이상 그렇게 하도록 하였다. 참가자는 소리 내어 읽거나 속으로 읽는 방법 가운데 자신이 처한 상황에 적합한 방법을 자유롭게 택했다. 단 기계적으로 읊지 말고 각각의 문장이 자신에게 주는 의미를 생각하면서 읽도록 했다. 일주일에 한 번씩 모였을 때는 웰빙인지의 적용 사례와 질문에 대한 피드백을 서로 나누었다.

참가자들이 작성한 웰빙인지 구절로는 다음 문장들이 있었다.

- 이 또한 지나가리라.
- 너의 가치는 그 누구도 값을 매길 수 없어.
- 머리 좋은 사람은 노력하는 자를 이기지 못하고, 노력하는 자는 즐기는 자를 이기지 못한다.
- 비 온 뒤에 땅이 굳는다.
- 넌 정말 소중한 존재야.
- 이렇게 산다는 건 정말 감사한 일이야.
- 마음만 먹으면 모든 잘할 수 있어.
- 두드려라, 열릴 때까지.
- 오늘은 멋진 하루가 될 것이다.
- 꿈을 소리 내어 말하는 것은 꿈을 실현하는 첫 걸음이다.
- 뜻이 있는 곳에 길이 있다.
- 네 시작은 미약하였으나 그 끝은 창대하리라.
- 모든 일은 마음먹기 나름이다.
- 해야 함은 할 수 있음을 함축한다.
- 내일엔 내일의 태양이 뜬다.

연구에 참가한 여대생들이 작성한 웰빙인지 일지와 소감문을 분석한 결과 다음과 같이 웰빙인지기법의 효과를 알아낼 수 있었다.

첫째, 참가자들이 웰빙인지기법을 적용하는 동안 가장 많이 보고한 내용은 부정적인 기분에서 긍정적인 기분으로의 전환이었다. 웰빙인지를 반복해서 되뇌는 방법이 개인의 역기능적인 인지에 변화를 주어 상황을 다르게 해석할 수 있는 유연성을 주었다고 보고하였다.

"항상 부정적인 생각으로 위축되어 있었는데, 웰빙인지를 통해서 긍정적인 생각을 하면서 하루 기분도 긍정적으로 바뀔 수 있다는 게 느껴졌다. 자신감이 없어서 얼굴도 잘 빨개지곤 했는데 프로그램에 참가하면서 당당함이 생겼다. 똑같은 일을 하더라도 어떻게 생각하느냐가 정말 큰 차이를 가져올 수 있다는 걸 느꼈다."

"고3 때도 그랬고 재수 기간에도 목이며 어깨를 움직이지 못해서 병원에 자주 갔었다. 갈 때마다 의사선생님들은 스트레스 때문이라고 말씀하셨다. 나는 내 체질이 스트레스에 민감한 편이라고 생각했다. 그런데 이 프로그램에 참가하고서 내가 무엇이 문제였으며, 힘든 일을 겪을 때 어떤 식으로 부정적인 생각을 하는지 알 수 있었다. 긍정적으로 생각하려고 많이 노력하고 나를 계속 돌아보았다. 프로그램이 끝나도 웰빙인지를 계속해서 더 변화된 나의 모습을 보고 싶다."

둘째, 참가자들은 스트레스 상황에서 바로 반응하지 않고 잠시 멈추어서 주어진 상황에서 가장 적합한 반응을 선택할 수 있는 인내력을 얻었다고 보고하였다. 전에는 스트레스 상황에서 바로 반응하는 게 습관이 되어 관계 악화가 초래되었고, 관계 악화는 다시 스트레스원(stressor)이 되어 스트레스를 키우는 악순환이 일어났었다. 하지만 프로그램 참가 후 스트레스 상황에서 웰빙인지가 자동으로 떠오르게 되어 한 번 더 상대방의 입장을 생각하고 반응할 수 있는 힘을 얻게 되었다고 보고하였다.

> "친구랑 싸웠다. 친구가 자꾸 약속을 마음대로 바꿔서 화가 났었는데, 집에 와서 다시 생각해 보고 웰빙인지를 떠올리면서 좋은 생각만 하기로 했다. 그러자 그 친구에게 무슨 사정이 있었겠지 싶은 생각이 들면서 화가 난 마음이 가라앉았다. 다음날 화해했다."

> "지하철역 앞에서 친구를 기다리는데 친구가 늦기도 하고 지하철역에 사람도 너무 많아 좀 짜증이 났다. 웰빙인지를 하고 나니까 기분이 나아져서 친구와 좋은 시간을 보낼 수 있었다."

셋째, 참가자들은 웰빙인지의 반복을 통해 언어 습관화가 이루어져서 목록을 보지 않았는데도 평소에 문구가 저절로 떠오른다고 보고하였다. 이런 습관화로 인해 기분이 중립 상태일 때 긍정적 사고로 쉽게 전환되었을 뿐만 아니라, 긍정적 사고로의 전환이 정말 필요한 스트레스 상황에서도 구절이 떠올라 도움이 되었다고 보고하였다.

> "웰빙인지를 계속 반복하다 보니 이제는 보지 않고도 저절로 외워진다. 그래서 가끔가다 부정적인 생각을 할 때 웰빙인지가 저절로 떠오르면서 긍정적인 생각을 하려고 노력하게 되고, 기분 나쁜 일이 있어도 금방 기분이 좋아지는 것 같다."

> "신경 쓰이는 일이 있어서 기분이 안 좋았는데, 정말 갑자기 웰빙인지들이 생각났다. 계속 웅얼거리다보니까 기분이 한결 나아진 느낌이 들었다."

넷째, 참가자들은 웰빙인지를 통해 자신의 감정과 기분을 스스로 통제할 수 있음을 직접 경험하면서 자신감을 얻었고, 자신에 대한 이해가 늘었다고 보고하였다. 더불어 자신의 감정에 대한 결과에 책임감을 느끼게 되었다고도 했다.

> "기분이 안 좋을 때 풀기 위해 먹었고, 그게 안 되면 계속 짜증을 내곤 했었는데, 웰빙인지를 반복하는 것이 그 짜증을 밖으로 표출되지 않도록 막아주더라고요. '내가 왜 짜증을 내지?' 하고 한 번 더 생각하게 되고요. 정말 신기해요. 저도 모르게 '내가 왜 짜증을

냈지?' 하고 한 번 더 생각하게 되고… 제 자신이 긍정적으로 되어 가는 것 같아서 참 좋아요."

다섯째, 참가자들은 웰빙인지 목록을 통해 평소 너무나 당연시했던 것들을 소중하게 생각하는 관점의 전환을 이뤘다고 보고했다.

"가장 효과적이고 좋았던 문장은 '이렇게 산다는 건 정말 감사한 일이야.'였다. 이 문장을 떠올리면 이렇게 편하게 공부하고, 하고 싶은 일을 하며, 맛있는 것을 먹고, 친구들과 함께 즐거운 시간을 보낼 수 있다는 사실이 정말 감사하게 느껴졌다. 주변에 널린 감사한 일들이 보였다. 예전엔 주위 사람들을 부러워하고 비교하며 불평한 적이 많았는데 이젠 그런 마음들이 많이 줄어들었다."

버스운전기사를 위한 물병 실험

버스운전기사들을 대상으로 웰빙인지기법을 교육하고 적용하도록 한 결과, 직무 스트레스, 신체화, 우울, 분노 등의 스트레스 반응 및 부정정서가 줄고, 삶의 만족 등 웰빙이 늘었다.[45] 연구에 참가한 버스운전기사들은 6주 동안 각자 자신이 좋아하는 웰빙인지 문구를 정하고 운전할 때 소지하는 물병에 부착하여 웰빙인지가 쉽게 떠오를 수 있도록 하였다. 버스운전기사들이 사용한 웰빙인지 문구는 '벼는 익을수록 고개를 숙인다.' '적을 만들지 않는다.' '내가 베풀거나 한 만큼 받는다.' '인생만사 새옹지마' 등이었다.

버스운전기사들이 연구에 참여한 후 보고한 소감과 평가는 세 가지 정도로 요약된다. 첫째, 참가자들이 웰빙인지기법을 적용하는 동안 가장 많이 보고한 내용은 긍정적 사고로의 전환이었다. 과거에는 운행 중 일어나는 부정적인 일들로 인해 스트레스를 많이 경험했으나, 웰빙인지기법을 6주간 적용하는 사이 동일한 부정적인 상황을 대하더라도 그 상황에서 긍정적인 면을 찾아내어 생각을 전환시키게 되었다. 그 덕분에 스트레스의 강도, 빈도 및 지속기간이 줄었다.

"배차 간격이 몰렸을 때는 빨리 가서 간격을 벌려야 하는데 몸이 불편한 승객이 타거나, 짐이 많거나, 내 차를 타려는 승객이 많아서 시간이 많이 지체될 때는 정말 가슴이 답답하고 화가 나요. '몸이 불편하면 집에나 있을 것이지, 짐이 저렇게 많으면 택시를 탈 것이지, 자리도 없는데 기다렸다가 다음 차를 탈 것이지…' 이런 생각들을 많이 하죠. 그런데 '그래 저런 사람도 사는데 건강해서 이렇게 움직이니 얼마나 다행이냐, 요새 경기도 어려운데 택시보다는 버스가 낫지, 급한 약속이 있어서 꼭 내 차를 타야 할 수도 있지…' 이렇게 생각하면 그래도 기분이 좀 괜찮더라고요. 어차피 몰려서 벌점 먹는 것은 똑같아도 사람이 마음이 편해야 살죠."

둘째, 참가자들은 웰빙인지기법을 적용하면서 자신의 행동이나 생각을 돌아보는 시간을 가질 수 있었다고 보고하였다. 웰빙인지로 정한 문구 가운데 삶의 태도에 관한 것들이 많았는데, 이것들을 적용하면서 스트레스 요인으로 생각했던 타인을 부정적으로 평가하기보다 '나는 어떻게 하고 있는가?'를 생각하게 되었다고 하였다. 또 자신에게 웰빙인지를 적용하여 자기를 먼저 돌아보고 그다음에 타인에 대해 생각하니 스트레스 감소에 도움이 된 것 같다고 하였다.

"이것이 나의 웰빙인지라고 적어서 내기는 했지만 참 부끄러워요. 그렇게 살지 못한 것 같아서요. 나한테 피해를 주는 사람이 있으면 저 사람은 왜 저렇게 살까 생각만 했지 나도 그럴 수 있다는 것을 잘 생각하지 못한 것 같아요. 술 취한 승객이 시비를 걸면 내가 기사이기 때문에 참았지 만약 똑같은 승객이거나 똑같은 기사였다면 싸웠을 거예요. 똑같이 행동하지 않았다고 해서 내가 그 사람보다 낫다고 생각했지만 사실 그렇지 않은 것이죠. 사실은 똑같은 사람인 거죠. 그래서 마음을 웰빙인지처럼 만들어야 된다고 생각했어요. '너는 나한테 시비를 걸지만 너와 나는 적이 아니다.'라고 생각하니까 마음이 편해지더라고요."

셋째, 참가자들은 웰빙인지기법 적용이 익숙해지면서 웰빙인지를 활성화시키는 외부자극 없이 스스로 활성화시킬 수 있게 되었다고 하였다. 처음에는 웰빙인지를 활성화시키기 위한 외부자극으로 사용했던 물병이나 문자 메시지를 봐야 생각이 났지만, 시간이 지나자 물을 마시기만 해도 저절로 생각이 나고, 문자 메시지(연구자가 일주일에 3번 웰빙인지 문구를 포함해서 참여 동기를 높이는 문자 메시지를 보냄)를 보지 않아도 저절로 생각이 났다고 하였다.

> "문자를 받거나, 물병을 보면 자꾸 웰빙인지를 떠올려야지 생각하지만 평소에 웰빙인지를 떠올리는 것이 어렵더라고요. 운전대를 잡는 순간부터 스트레스인데 그 생각이 날 리가 없죠. 진짜 짜증이 날 때는 정말 생각이 잘 안 나요. 억지로 생각하려고 하면 더 가슴만 답답하고. 그래도 매일 메시지 보내주는 것이 고마워서 노력은 했어요. 잘 안될 줄 알았는데 한 날은 그냥 컵으로 물을 마시는데도 생각이 나더라고요."

성경 구절과 삶의 만족도

기독교인을 대상으로 한 설문조사에 따르면, 일상생활에서 성경구절을 떠올리는 횟수가 많을수록 삶의 만족 등 긍정적 상태에서 높은 점수를 보였고, 우울이나 불안 등 부정적 상태에서 낮은 점수를 보였다.[46]

연구 자료는 서울 시내 10여 개 교회의 청년부(20살 이상부터 결혼 전의 남녀) 181명을 대상으로 설문조사를 통해 수집되었다. 그 자료를 바탕으로 구체적으로 하루에 성경 구절을 얼마나 자주 떠올리는지와 웰빙 및 스트레스 관련 척도와의 상관을 분석하였다. 그 결과 하루에 성경 구절을 떠올리는 횟수와 삶의 만족, 삶의 만족예상, 긍정정서와는 유의한 정적 상관이, 우울, 불안과는 유의한 부적 상관이 관찰되었다. 성경 구절 회상 횟수의 효과를 주관적 웰빙의 수준에 따라 분석했을 때, 주관적 웰빙(삶의 만족, 삶의 만족예상)이 낮은 경우, 즉 현재의 삶(삶의 만족으로 측정)이나 미래의 삶(삶의 만족예상으로 측정)에 대해 덜 긍정적으로 생각하는 사람들에게 성경 구절 회상 횟수의 효과가 더 큰 것으로 나타났다.

상관관계를 살펴본 조사 연구가 아니라 인과관계를 보기 위해 실제로 성경 구절을 웰빙인지로 해서 일상생활에서 자주 떠올리도록 하는 실험 연구에서도 성경 구절의 긍정적 효과가 관찰되었다.[47] 대학생 기독교인들을 대상으로 5주간 성경 구절 중 마음에 드는 것을 웰빙인지로 정하고 하루에 3번, 5분 정도 묵상하게 했을 때 삶의 만족, 삶의 만족예상, 긍정정서 등이 증가하고 부정정서, 스트레스 반응 등이 감소한다는 결과가 나왔다.

실제 생활에서 웰빙인지를 떠올리게 하여 긍정적 효과를 확인한 연구도 있다. 미국의 한 연구는 병원의 음식 서비스 직원들에게 긍정 메시지를 제공함으로써 직원들의 긍정성이 증진되었음을 보고하였다.[48] 긍정 메시지는 게시판에 제시되었으며, 긍정적 태도의 유익함, 미소의 중요성, 팀으로 일하는 것의 유익함 등을 내용으로 했다. 또한 긍정 메시지는 3주 동안 매일 직원 미팅에 제공되었다. 음식 서비스 직원들의 낮은 사기와 그로 인한 징계 조치가 많았지만, 긍정 메시지를 제공하는 것만으로 직원들의 사기를 올리고 징계 조치를 줄일 수 있음이 시사되었다.

두 명의 태권도 선수에게 시합 전 불안을 느낄 때 도움이 될 문구를 자주 읽고 깊이 생각하게 하자 시합불안이 감소했다는 국내 연구 결과도 있다.[49] 두 명의 태권도 선수는 한 회기에 1시간 30분 동안 주 1회씩 4주에 걸쳐 지도를 받았다. 시합과 관련된 불안의 감소를 위해 사용된 긍정적 문구에는 다음과 같은 내용이 일부 포함되었다. '요행으로 1등 하기를 바라지 않는다. 내 노력과 연습량이 제일 많으면 1등이 되는 것이라 생각하고 연습한다. 노력과 연습, 모두 내가 할 수 있는 일이다.' '나를 진정으로 생각해주는 사람은 내가 1등 한다고 나를 좋아하고 1등 못한다고 싫어하지 않는다. 내가 할 수 있는바 가장 많은 피땀을 흘리고, 치밀한 준비를 한 시합이면 결과가 어떻든 그들의 애정은 변함이 없다.' 긍정적 문구를 참가자의 방 벽, 차, 사물함 등에 부착하고, 기상 직후, 취침 직전, 연습 전후, 휴식 시간 등 적절하다고 판단되는 시간에 깊이 생각하며 여러 번 읽기를 하루 최소 5회 이상 하도록 했다. 연구에서는 시합불안이 경기의 승패에 지대한 영향을 주므로, 이렇게 긍정적 문구를 통해 심리학의 전문지식 없이도 스포츠

현장에서 선수들의 시합불안을 낮춰 경기력을 향상시킬 수 있음을 시사했다.

자살 시도자에게 그들을 지지하는 메시지를 보내면 태도 변화에 긍정적 영향을 줄 수 있음을 시사하는 연구 결과도 있다.[50] 자살 시도 후 병원에 입원했다가 퇴원한 15명을 대상으로 4주간 일주일에 한 번씩 휴대폰으로 그들을 지지하는 메시지를 보냈더니 대부분 좋게 받아들였고, 도움이 되었다며 더 받기를 원한다고 했다.[51]

노인들(61 - 95세, 평균 75.79세)을 대상으로 걷기를 장려하기 위해 정적(positive) 메시지(걷기가 가져오는 유익함)와 부적(negative) 메시지(걷지 않았을 때 오는 부정적 효과)를 제공하고 4주간 관찰한 연구도 있다. 연구 결과 정적 메시지를 제공받은 노인들은 평소보다 더 많이 걸었지만 부적 메시지를 제공받은 노인들은 평소 걷는 양과 차이가 없었다.[52] 참고로 젊은 성인들(18 - 32세, 평균 21.43세)은 노인들보다 많이 걸었으며 메시지의 유형에 영향을 받지 않았다.

긍정도 뒤통수를 때린다: 웰빙인지와 긍정인지

웰빙인지는 긍정인지(positive cognition)인가? 그럴 수도 있고 아닐 수도 있다. 긍정인지가 웰빙인지인 때가 많겠지만 항상 그렇지는 않다.

꿈을 이루라고 격려하는 것이 긍정인지인가, 적절하게 내려놓으라고 하는 것이 긍정인지인가? 긍정인지란 현상의 긍정적인 면을 부각한 인지이므로, 전자는 긍정인지로 볼 수 있지만 후자는 긍정인지로 보기 어렵다. 대체로 전자가 웰빙인지로 작용하겠지만 꼭 그렇지만은 않다. 어떤 때는 전자가 스트레스를 불러일으키는 인지가 되고 후자가 웰빙인지로 작용하기도 한다. 영화감독 박찬욱이 만든 가훈 "아니면 말고"에 대한 다음 글에서 이 사실을 확인할 수 있다.

> "현대인들은 자기 의지로 무엇이든 이룰 수 있다고 생각하지만 이는 매우 오만한 태도다. 세상에는 의지만 갖고 이룰 수 없는 일이 많기 때문이다. 그때마다 닥쳐오는 좌절감을 어쩔 것인가. 최선을 다해 노력해보고 그래도 안 되면 툭툭 털어버릴 줄도 알아야 한다. 이 경쟁만능의 시대에 참으로 필요한 건 포기의 철학, 체념의 사상 아닌가. 이 아빠도 〈복수는 나의 것〉으로 네 친구의 아빠(곽경택 감독)가 만든 영화 〈친구〉를 능가하는 흥행신기록을 세우고 싶었으나 끝내 이십분의 일밖에 안되는 성적으로 끝마쳐야 했을 때 바로 그렇게 뇌까렸던 것이다. '아니면 말고…'"[53]

긍정인지인 '인생은 즐겁다.'가 웰빙인지인가, 부정인지인 '인생은 불안하다.'가 웰빙인지인가? 전자를 웰빙인지라고 생각한다면 가수 조용남의 다음 얘기를 들어보자.

"남들은 마냥 행복해 보인다지만 나도 늘 두렵지요. 내일 공연에서 실수하지 않을까, 아니 당장 내일 아침에 무사히 일어날 수 있을까 불안해요. 하지만 어차피 인생은 불안한 거라고 인정해버리고, 확실한 행복만 느끼면 되거든. 남들의 비난도 감수하지만 남들이 보내는 찬사에 감사하면 그게 재미있고 재수 좋게 사는 거지."[54]

인생이 불안하다는 것을 인정하는 것이 오히려 행복한 삶에 도움이 되는 웰빙인지가 될 수 있음을 위 인용문은 보여주고 있다.

긍정인지는 잘못 사용하면 약이 아니라 독이 될 수도 있다. '나는 무능한 사람이다.'를 긍정인지라고 할 사람은 없을 것이다. 반면 '나는 사랑스런 사람이다.'가 긍정인지라는 데는 이의가 없을 것이다. 그런데 심리학 연구에 따르면 후자를 반복하는 것이 오히려 부정적 효과를 가져올 수 있다.[55] 이 연구에서 'I am a lovable person.'[56]을 4분간 16번 정도 반복하게 했을 때 자존감이 높은 사람들에게는 기분을 더 긍정적으로 올리는 효과가 나타났지만, 자존감이 낮은 사람들에게는 더 부정적으로 낮추는 효과가 나타났다.[57] 이렇게 볼 때 한 사람에게는 웰빙인지가 될 수 있는 긍정인지가 다른 사람에게는 스트레스인지가 될 수도 있는 것이다.

착각도 착할 때가 있을까: 웰빙인지와 합리성

심리학에서는 긍정적인 것이 항상 좋다고는 말하지 않는다. 인지치료의 목표는 환자가 주어진 상황을 스스로 더욱 현실적이고 정확하게 평가할 수 있는 능력을 기르는 것이며, 인지치료 기법은 환자에게 긍정적으로 사고하도록 하는 것이 아니라 좀 더 현실적으로 사고할 것을 주문한다.[58] 합리정서행동치료에서는 합리적으로 사고하는 것을 강조한다.

그러나 어떤 것이 합리적이고, 현실에 대한 정확한 평가일까? 172쪽 그림을 보자. 13인가, B인가? 토끼인가, 오리인가? 노파인가, 젊은 여성인가? 천사들의 모임인가, 악마들의 모임인가? 어떻게 보는 것이 합리적이고, 현실에 대한 정확한 평가인가?

전 미국 대통령 클린턴은 재임 기간 동안 많은 업적을 남긴 뛰어난 정치 리더이기도 했지만, 섹스 스캔들을 일으킨 장본인이기도 하다. 프랑스의 철학자이자 교육소설 『에밀』의 작가인 루소는 페스탈로치에게 많은 영향을 주었으며, 감성의 해방을 주장하며 계몽주의 사상가들과 함께 프랑스 혁명의 정신적 지주 역할을 했다. 그러나 그는 성적으로 깨끗하지 못했고, 자신의 자녀 다섯을 모두 고아원에 버린 사람이기도 하다.

복권 당첨금으로 60억을 받은 가장이 멀쩡한 직장을 그만두고 사업을 시작했다가 돈을 몽땅 날리고, 설상가상으로 불륜까지 저질러 가

A

12 B 14

C

그림 1. 맥락에 따른 인지의 차이

그림 2. 오리-토끼

그림 3. 젊은 여인 - 늙은 여인

그림 4. 천사와 악마

정이 풍비박산 났을 때, 복권 당첨은 은총으로 가장한 재앙일 것이다. 원하는 대학에 들어가지 못하자 공부와 자기관리에 매진하여 실력뿐 아니라 사회적 성공까지 거머쥐었는데 겸손한 행동으로 많은 사람의 존경을 받는다면, 대입 실패는 실패의 얼굴로 찾아온 성공일 것이다.

'배달의 민족' 앱으로 청년기업인상 대통령 표창을 받은 김봉진 대표는, '배달의 민족' 앱 사업을 하기 전에 수제가구 사업을 하다가 실패하여 몇 억의 빚을 지고 가장으로서 심각한 고통을 받았다. 그 후 아내의 도움으로 대학원엘 다니고 책을 많이 읽으며 자기계발에 힘써 오늘날 '배달의 민족' 앱으로 더 크게 성공하였다.

현실은 고정되어 있지 않다. 지금은 현실과 다르게 보고 생각하는 것일 수도 있지만, 나중에 가서는 그 생각에 일치하는 현실이 만들어지기도 한다. 자기충족적 예언은 부정적으로 작용하기도 하지만 긍정적으로 작용할 수도 있다. 비록 지금은 상대가 나에게 좋지 않은 감정을 품고 있더라도, 그가 나에게 좋은 감정을 갖고 있다고 생각하고 그렇게 행동하면 나중에는 그가 나에게 좋은 감정을 가질 수도 있다. 생각이 현실을 만들어내기도 하는 것이다. 논리적이고 합리적이고 현실적인 생각만이 '옳은' 것은 아니다.

어떤 사람은 세상은 애매함으로 가득 차 있다고 한다. 그러나 다르게 보면 세상은 다양함으로 가득 차 있다. 앞에서 소개한 각 그림은 13이기도 하고 B이기도 하다. 토끼이기도 하고 오리이기도 하다. 노파이기도 하고 젊은 여성이기도 하다. 천사들의 모임이기도 하고 악마들의 모임이기도 하다.

이렇게 말할 수도 있겠다. 우리가 미숙할 때 세상은 단순하다. 우리가 조금 성숙하면 세상은 애매해진다. 하지만 우리가 많이 성숙하면 세상이 풍요롭다는 것을 알게 된다. 그럴 때 우리는 겸손해질 것이다.

나 자신을 포함해서 세계는 무한한 가능성을 갖는 다양한 자극들로 가득 차 있다. 나 자신과 세계는 나의 경험을 구성하는 필요조건이기는 하지만 충분조건은 아니다. 나의 동기(욕구), 인지(생각), 그리고 행동이 내가 무엇을 경험할지 결정한다. 나와 세상은 무수하게 다양한 자극들로 풍부하다. 내가 그것을 구성하는 방식에 따라 나와 세상은 다양한 모습을 드러낸다.

웰빙인지는 반드시 합리적이거나 현실을 있는 그대로 보게 하는 것이 아닐 수도 있다. 그렇지만 동기좌절과 동기좌절예상을 줄이고 동기충족과 동기충족예상을 늘리는 데 기여하는 인지다.

논리적, 합리적, 현실적인 것이 좋을 때가 많다. 그러나 늘 그런 것은 아니다. 그때그때 상황에 맞게 융통성을 발휘하는 것이 필요하다.

닭이냐, 오리냐

어느 부부가 강가 숲길을 따라 산책을 즐기고 있었다.
밝은 햇빛 속에서 예쁜 꽃들을 바라보며 두 사람은 정담을 나누었다.
그때 어디선가 "꽥! 꽥!" 하는 소리가 들려왔다.
아내는 "어디에 닭이 있나 봐요!" 했다.
남편은 사랑스런 아내가 잠시 착각을 했다고 생각하고, "여보, 저건 닭 소리가 아니고 오리 소리요."라고 다정하게 얘기했다.
그러자 아내는 "아니에요. 저 소리는 분명 닭 소리예요."라며 자신의 주장을 굽히지 않았다.
남편은 슬며시 짜증이 났지만 그래도 차분하게 "여보, 닭이 어떻게 '꽥꽥' 하고 운단 말이요. 닭은 '꼬꼬댁' 하고 울지요."라고 친절하게 설명했다.

그래도 아내는 더욱 큰 소리로 "무슨 소리예요. 저건 분명히 닭 소리라고요!"라고 소리쳤다. 눈가에는 눈물이 맺히기까지 했다.

순간 남편에게는 사랑하는 아내가 눈물을 흘리게 할 수는 없다는 생각과 함께 '저 꽥꽥 소리가 오리 소리면 어떻고 닭 소리면 어떤가! 그것이 사랑하는 아내와의 즐거운 산책을 방해할 만큼 중요한가!' 라는 생각이 들었다.

남편은 아내의 어깨를 꼭 안으며 "미안해, 여보. 저 소리는 닭 소리가 맞구려. 내가 잠시 잘못 들은 것 같아."라고 사과했다.

아내는 명랑한 기분으로 돌아왔고 두 사람은 즐거운 산책을 계속했다.[59]

웰빙인지로 둘러싸인 하루

웰빙인지 목록의 적용을 위해서는 먼저 자기 나름의 웰빙인지 목록을 만드는 것이 필요하다. 많은 사람들에게 공통적으로 적용되는 웰빙인지도 있지만, 웰빙인지는 저마다 다를 수 있다. 예를 들어 보통은 '늦었다고 생각할 때가 가장 빠른 때다.'라는 말을 접하면 좌절하고 포기하려던 마음을 추스르고 다시 열심히 하게 된다. 그러나 어떤 사람은 '늦었다고 생각할 때가 가장 늦은 때다.'라는 말을 좋아한다. 이 사람은 자신이 벼랑 끝에 몰렸다고 생각될 때 일에 집중할 수 있고 추진력이 생기기 때문이다.

또 가급적이면 각각의 스트레스 상황에 도움이 되는 웰빙인지를 분류하여 정리해두는 것이 좋다. 원하는 웰빙의 유형에 따라 웰빙인지를 분류하여 정리하는 것도 좋다.

웰빙인지의 개인차도 있지만 웰빙인지 자체도 우리에게 주는 웰빙에 차이가 있다. 적용 방식에 따라 어떤 웰빙인지는 단기적으로는 동기충족을 주지만 장기적으로는 오히려 중요한 동기의 좌절을 가져올 수 있다. 특히 웰빙인지를 합리화의 수단으로만 사용하면 당장은 마음이 편할 수 있으나 장기적으로는 자기발전에 저해가 될 수 있다.

웰빙인지는 때때로 새롭게 업데이트하는 것이 좋다. 새롭게 더 좋은 것을 접한 경우에 추가하거나 기존의 유사한 것을 대체하는 것이 필요하다. 살아가면서 내면의 변화가 일어나거나 생활환경에 변화가 있을 때도 이에 맞게 적절하게 웰빙인지를 업데이트하는 것이 바람직하다.

무엇보다 웰빙인지를 생활 속에서 잘 적용하기 위해서는 정리한 웰빙인지 목록을 자주 볼 수 있는 곳에 두는 것이 좋다. 우리는 살면서 마음에 와 닿는 말, 도움 되는 말을 많이 접한다. 영화를 보다가, 책을 읽다가, TV를 보다가, 사람들과 대화를 나누다가, SNS에 올라온 글을 통해 '아, 참 좋은 말이다!' 하고 감탄한 글들이 좀 많은가! 그러나 정작 필요할 때는 제대로 활용하지 못하고 있다.

몇 번 언급했지만, 기분일치성효과로 인해 스트레스 상황에서는 웰빙인지가 잘 떠오르지 않는다. 그러므로 스마트폰이나 컴퓨터에 저장해두어 자주 볼 수 있도록 해야 한다. 특히 스마트폰 앱 가운데는 웰빙인지 목록 관리에 편리한 것들이 많다(필자는 '에버노트'를 활용함). 책상 앞에 붙여놓는 것도 좋고, 작은 카드에 적어서 가지고 다녀도 좋다. 그리고 다른 건 몰라도 스트레스를 경험할 때 곧바로 웰빙인지를 볼 수 있도록 한다. 처음에는 잘 안 되지만 몇 번 반복하면 나중에는 보지 않아도 필요한 웰빙인지가 떠오른다.

잠자는 시간 빼고, 나는 무엇을 하고 무슨 생각을 하며 하루를 보낼까? 공연히 스마트폰으로 연예란의 가십기사를 읽고 있지는 않나? 막연히 걱정을 반추하며 시간을 보내지는 않나? 나의 생각이 나를 만든다. 하루하루 무슨 생각을 하며 시간을 채우고 있는지 돌아보자.

스트레스를 경험하지 않는 평상시에도 웰빙인지를 자주 들여다보는 것이 좋다. 지하철로 출퇴근할 때 또는 틈틈이 시간 날 때마다 웰빙인지를 읽자. 하루도 빼지 않고 식사하며 몸에 필요한 영양소를 골고루 먹듯이, 매일 마음에 필요한 영양소인 웰빙인지를 읽자.

다른 기법의 적용에서도 마찬가지지만, 웰빙인지기법을 생활 속에 적용할 때 자기성장의 동기를 확립하는 것이 도움이 된다. 웰빙인지를 상기하고 적용하는 것을 귀찮은 일로 생각하지 않고 자기성장 동기의 충족 혹은 충족예상으로 여기므로 좀 더 적극적으로 수행하게 된다. 이렇게 될 때 웰빙인지는 마치 에너지 전환을 일으키는 촉매처럼 스트레스 에너지를 웰빙 에너지로 전환시키는 역할을 훌륭하게 해낼 것이다.

자기성장의 동기는 최근의 직무정교화(job-crafting)와 관련해서도 중요하다. 직무정교화의 대상에는 과제, 인간관계, 일에 대한 인지적 자세가 포함되는데 특히 자신의 일에 대한 어떤 인지적 자세를 갖느냐 하는 것은 직장에서의 생산성뿐만 아니라 개인의 웰빙에도 많은 영향을 준다.[60] 직장을 단지 돈벌이를 위한 곳이라고 생각하는 사람과, 직장을 자기성장을 위한 곳이라고 생각하는 사람은 삶의 질이나 웰빙에서 다를 것이다.

19

몸이 마음을 치료한다
: 웰빙행동기법

몸을 움직이면 기분이 좋아진다

행동 변화는 우리 내면 환경과 외부 환경 모두에 변화를 일으키고, 외부 환경의 변화는 다시 우리의 몸과 마음에 변화를 가져온다. 마음의 변화란 동기와 인지의 변화를 뜻하며 정서가 바로 동기 상태의 반영이므로 정서의 변화도 내포한다.

몸에 변화를 주고 환경에 변화를 주는 행동 선택을 통해 동기와 인지를 관리하는 대표적인 방법으로 웰빙행동기법을 들 수 있다. 웰빙행동기법은 웰빙행동의 목록에 있는 웰빙행동을 실천했을 때 웰빙 상태(동기충족 혹은 동기충족예상)를 가져오는 여러 가지 행동들(음악 듣기, 노래 부르기, 수영하기, 강변길 걷기, 쇼핑하기, 영화 관람하기 등)로 정의된다. 웰빙행동 목록은 앞에서 다룬 웰빙인지 목록과 함께 웰빙 목록을 구성한다.[61]

최근에 활발하게 적용되고 있는 긍정심리중재법의 감사 표현하기, 친절행동 실천하기, 음미하기 등은 웰빙행동기법에 속한다고 할 수 있다. 감사를 표현하거나 너그러움을 실천하는 등의 긍정적 행위는 웰빙을 증진하며, 웰빙의 증진은 심리장애를 줄이고 정신건강을 늘릴 수 있다.[62]

스트레스가 강하게 경험될 때, 즉 부정정서가 강할 때는 동기-인지 분석이나 ABCDE 기법을 적용하기가 쉽지 않다. 나-지-사 기법이나 웰빙인지기법의 적용도 머리로는 되는 것 같아도 실제 정서 변화는 쉽게 이루어지지 않을 수 있다. 이런 경우에는 '묻지도 따지지도 말고' 웰빙행동을 실천하는 것이 도움이 된다.

웰빙행동 목록에서 적절한 웰빙행동을 선택해서 실천하면 우선 부정적인 인지나 정서의 반추를 차단할 수 있다. 그리고 웰빙행동의 실천을 통해 긍정정서가 증가하면 상황의 재해석이 쉬워져 웰빙의 선순환을 가져올 수 있다. 이와 같이 행동이 바뀌면 정서와 생각이 변화한다.

행동이 마음을 바꿨다

웰빙행동에 대한 조사연구에 따르면[63] 웰빙행동을 많이 할수록 웰빙에서 높은 점수를 나타냈다. 서울에 소재하는 두 곳의 여자대학교 대학생들을 대상으로, 김정호(2000)의 웰빙행동 목록을 참고해서 만든 웰빙행동 질문지를 통해 평소에 스트레스 상황에서 웰빙행동을 사용하는 빈도를 측정했다. 그 결과 웰빙행동을 더 많이 사용할수록 삶의 만족, 삶의 만족예상, 긍정정서, 자존감 등에서 높은 점수를 보였고 우울에서는 낮은 점수를 보였다.

일상에서 웰빙행동을 적용하면 어떤 변화가 일어날까? 실제로 직접 해본 사람들은 다음과 같은 체험을 했다.

"취업을 위해 면접시험을 보았는데 실력을 제대로 발휘하지 못하고 면접을 마쳐서 기분이 침울해졌다. 앞으로 남은 면접도 잘못 볼 것 같고 이러다가 영영 백수로 지낼 것 같았다. 우울한 기분으로 집에 돌아오는 길에 문득 웰빙 목록 가운데 있는 '노래방에서 노래 부르기' 항목이 떠올랐다. 혼자 노래방에 간다는 것이 어색했지만, 당시의 기분으로 집에 들어가면 가족들에게 괜히 짜증을 내어 트러블만 일으킬 것 같았다.

그래서 혼자 노래방에 갔다. 노래방 주인아주머니가 혼자 노래방에 들어온 모습을 보고 측은하게 생각했는지, '학생, 노래 다 끝나면 얘기해. 내가 시간 더 줄게.'라고 하셨다. 처음에는 다소 어색했지만, 이 곡 저 곡 신나게 부르다 보니 기분이 시원해져서 가뿐한 마음으로 집에 올 수 있었다. 다음에 볼 면접에 좀 더 치밀하게 준비할 마음도 생기고, '나 같은 인재를 못 알아본 회사가 손해'라는 호기로운 생각도 들었다."

"남자친구는 직업군인이다. 나는 군대 경험이 전혀 없기 때문에 남자친구의 생활을 이해하기 어렵다. 스트레스의 원인도 서로 달라 공감대도 잘 생기지 않는다. 서로 이해하려고 노력은 하지만 여러 가지 문제가 반복해서 일어난다. 어떤 경우에는 정말 사소한 일로 싸우다가 다툼과 다툼이 꼬리를 물어 헤어지네 마네 한다. 그럴 때는 나중에 꼭 후회를 한다. 그런 일의 배경에는 오늘 벌어진 일은 오늘 끝을 보겠다는 생각이 있었던 것 같다.

웰빙행동기법을 알게 된 후부터는 남자친구와 싸우게 되면 잘잘못을 가리지 않고 일단 다음에 만나기로 하고 헤어진다. 각자 자기가 좋아하는 것(내 경우에는 음악 듣기)을 하고 나면, '하마터면 상처주는 말을 하고 후회할 뻔했네.' 하는 생각이 든다. 빨리 다툼을 끝낸 건 정말 잘한 일 같다. 자연스럽게 전화나 문자로 혹은 다음날 만나 서로 이해해주는 말을 하게 된다. 앞으로는 다툼이 일어나면 그 자리에서 서로의 기분을 돌릴 수 있는 행동을 찾아봐야겠다."

중독과 이기심을 조심하라

웰빙행동기법을 적용할 때는 몇 가지 유의할 것이 있다.

첫째, 스트레스-웰빙 관리에서 웰빙행동 목록에만 의지하지 않도록 한다. 웰빙행동기법은 스트레스의 근본적인 해결책이 아니다. 자신의 동기와 인지에 대한 이해와 관리를 병행하면서 웰빙행동 목록을 사용하면 스트레스-웰빙 관리에 더 효과적이다.

둘째, 웰빙행동 목록 가운데 어떤 방법은 정도에 지나치게 사용하는 경우 부작용이 있을 수 있다. 먹기, 게임하기, TV 시청하기, 쇼핑하기 등은 자칫 중독으로 이어질 수 있다. 설사 그 정도는 아니더라도 일상의 중요한 일을 등한시하게 만들 수 있다.

셋째, 자신의 웰빙 추구가 다른 사람의 스트레스가 되지는 않도록 해야겠다. 자신에게 즐거움이나 평화를 주는 행동이 다른 사람에게는 고통이 될 수 있다. 자주 있는 경우는 아니지만 오토바이로 고속 질주를 한다거나 자신의 종교를 강요하는 것 등은 지양하는 것이 좋다.

웰빙 정서의 유형에 따른 웰빙행동 목록의 예[64]

유쾌함, 즐거움

- 모차르트 음악을 듣는다.
- 댄스음악을 듣는다.
- 공상과학 영화를 본다.
- 코미디 영화를 본다.
- 놀이공원에 간다.
- 컴퓨터게임을 한다.
- 포켓볼을 한다.
- 노래방에 가서 노래를 한다.
- 친구들과 술을 마시며 대화를 나눈다.
- 서점에 간다.
- 즐거운 일을 상상한다.

재미

- 추리소설을 읽는다.
- 만화영화를 본다.
- 인터넷으로 웹툰을 본다.

상쾌함

- 요가를 한다.
- 탁구를 한다.
- 스트레칭을 한다.
- 에어로빅을 한다.
- 조깅을 한다.
- 등산을 한다.
- 목욕을 한다.
- 머리를 깎는다.

행복

- 가족과 함께 외식을 한다.
- 요리를 한다.
- 가까운 사람에게 선물을 한다.
- 어린 시절의 사진첩을 꺼내 본다.
- 행복한 상상을 한다.

평안함, 평화로움, 잔잔한 기쁨, 이완감

- 명상을 한다.
- 목사/스님/신부님의 설교/설법/강론을 유튜브로 시청한다.
- 클래식 기타 연주 CD를 듣는다.

- 시집을 읽는다.
- 강변을 걸으며 풍경을 바라본다.
- 따뜻한 물에 목욕을 한다.
- 미술관에 가서 작품을 천천히 감상한다.
- 화집에 있는 작품을 천천히 감상한다.
- 박물관에 가서 전시물을 천천히 감상한다.
- 고궁을 천천히 걷는다.

성취감, 보람, 뿌듯함, 만족감

- 선물을 한다.
- 현실적인 목표를 세우고 달성한다.
- 도서관에서 밤늦게까지 공부를 한다.

자신감, 용기, 위안

- 목사/스님/신부님의 설교/설법/강론을 유튜브로 시청한다.
- 친구와 대화를 한다.

긍지

- 웰빙기억 목록을 본다.

감사

- 목사/스님/신부님의 설교/설법/강론을 유튜브로 시청한다.
- 라디오에서 소개된 독자 사연 모음집을 읽는다.

기대감, 희망, 도전감, 의욕

- 자신이 바라는 미래를 상상해본다.
- 버킷리스트를 작성해본다.
- 현실적인 목표를 세우고 추구한다.
- 새벽시장에 나가본다.

스트레스 정서의 유형에 따른 웰빙행동 목록의 예[65]

화, 분노, 괘씸함, 배신감, 짜증, 신경질, 불쾌, 미움

- 목사/스님/신부님의 설교/설법/강론을 유튜브로 시청한다.
- 『받아들임』을 읽는다.
- 라디오에서 소개된 독자 사연 모음집을 읽는다.
- 땀에 흠뻑 젖도록 운동을 한다.
- 집안 대청소를 한다.
- 요가를 한다.

- 등산을 한다.
- 도서관에 가서 책을 본다.
- 영화(액션물)를 본다.
- 음악을 듣는다.
- 가족사진을 본다.
- 목욕을 한다.
- 즐거운 상상을 한다.
- 쇼핑을 한다.

억울함

- 목사/스님/신부님의 설교/설법/강론을 유튜브로 시청한다.
- 성경을 읽는다.
- 친구에게 억울한 감정을 토로한다.
- 영화를 본다.

우울, 무기력, 낙담, 좌절, 안타까움

- 음악을 듣는다.
- 동물원에 간다.
- 서점에 간다.
- 맛있는 음식을 먹는다.
- 즐거운 상상을 한다.

- 새벽시장에 나가본다.
- 『보왕삼매론』을 한 자 한 자 천천히 옮겨 적는다.

슬픔, 고독, 울적함, 소외감, 허무, 절망, 귀찮음

- 목사/스님/신부님의 설교/설법/강론을 유튜브로 시청한다.
- 라디오에서 소개된 독자 사연 모음집을 읽는다.
- 맛있는 음식을 먹는다.
- 친구와 노래방에 간다.

권태, 심심함, 무료함

- 피아노를 친다.
- 영화를 본다.
- 음악을 듣는다.
- 친구를 만난다.
- 운동을 한다.
- 즐거운 상상을 한다.
- 책을 읽는다.

죄책감, 수치심, 후회, 자책

- 목사/스님/신부님의 설교/설법/강론을 유튜브로 시청한다.
- 일기나 편지를 읽는다.

• 전화 상담을 한다.

위축감, 비참함, 열등감

• 목사/스님/신부님의 설교/설법/강론을 유튜브로 시청한다.
• 땀에 흠뻑 젖도록 운동을 한다.
• 라디오에서 소개된 독자 사연 모음집을 읽는다.
• 친구와 노래방에 간다.
• 여행을 간다.

선망, 시기, 질투

• 목사/스님/신부님의 설교/설법/강론을 유튜브로 시청한다.
• 책(노자, 장자, 법정 스님의 책)을 읽는다.
• 쇼핑을 한다.

불안, 긴장, 걱정, 초조, 두려움

• 자연의 소리를 담은 음원을 듣는다.
• 명상을 한다.
• 스트레칭, 요가, 태극권을 한다.
• 근육이완법을 실시한다.

답답함, 암담함, 압박감, 중압감, 부담감, 쫓기는 느낌

- 목사/스님/신부님의 설교/설법/강론을 유튜브로 시청한다.
- 일의 계획을 다시 세운다.
- 책(노자, 장자, 법정 스님의 책)을 읽는다.
- 생활 지침을 읽는다.
- 땀에 흠뻑 젖도록 운동을 한다.

갈등, 혼란

- 영화를 본다.
- 미용실에 간다.
- 목욕을 한다.
- 사이버 상담을 한다.

당황, 어색함

- 호흡 명상을 한다.
- 근육이완법을 실시한다.

웰빙을 전달하는 말 66

작년인가 아내의 생일날이었다. 대한민국의 50대 남자가 대부분 그러하듯이 나도 아내에게 살가운 표현을 하는 것이 익숙하지 않다. 그래도 생일인데 뭔가 표현은 해야 할 것 같아 전화를 했는데 생일 얘기 하다가 할 말 못 찾고는 괜히 "지구에 온 의미를 생각해보시오."라는 말을 했다. 교수 아니랄까 봐 아내에게까지 생일을 맞아 좀 더 의미 있는 삶을 살라고 가르치고 있는 것 아닌가. 스스로도 뜬금없는 얘기를 했다고 생각되었지만 이미 말은 떠난 다음이었고 아내의 반응도 뜨악했다.

이것이 마음에 걸렸는지 그다음 날 문득 이런 생각이 들었다. '차라리 당신이 함께 지구에 와줘서 고맙다고 말했다면 그것이 내게 있어서 아내가 지구에 온 의미 아닌가! 이렇게 말했다면 아내도 기뻤을 터인데.' 이런 생각에 이르자 쇠뿔도 단김에 빼랬다고 즉시 아내에게 전화를 하였다. 아내는 출강하는 대학의 강의를 마치고 식당에서 밥을 덜고 있는 중이라고 했다.

"어제 전화해서 말을 잘못한 것 같아."

"왜?"

"이 말을 하려고 했던 것이 잘못 나온 것 같아."

"어떤?"

"당신이 함께 지구에 와줘서 고맙다고."

전화 수화기를 타고 아내가 크게 웃는 소리가 들려왔다. 나도 겸연

쩍게 그러나 크게 웃었다. 적어도 아내가 지구에 온 중요한 의미 하나는 분명해진 것 아닌가!

크게 웃고 나더니 아내가 말했다.

"가슴이 확 뚫리네. 어제 지구에 온 의미를 생각해보라고 했을 때는 가슴이 콱 막히더니 지금 그 말을 들으니 마음이 확 풀리네."

나 역시 마음이 확 풀리며 기분이 좋아졌다. 코미디언이 유머를 던져서 객석 반응이 빵 터졌을 때도 이렇게 기분 좋지는 못할 것이다.

말 한마디에 천냥 빚을 갚는다는 말이 있다. 한마디 말이 사람의 마음을 기쁘게 하고 따뜻하게 만들 수 있다. 말뿐만 아니라 작은 행동에서도 우리는 감동을 받을 수 있고 행복을 느낄 수 있다. 인간의 삶에서 사람과 사람의 관계는 매우 중요하다. 관계에서 고통을 경험하기도 하지만, 관계는 행복의 중요한 원천이다. 관계를 행복하게 해주는 비결의 하나는 바로 친절일 것이다.

맺는 글

실패는 없다, 오직 배움이 있을 뿐

2014년에 톰 크루즈가 주연한 〈엣지 오브 투모로우〉라는 영화가 개봉됐다. 일본 작가 사쿠라자카 히로시가 쓴 All You Need is Kill이라는 소설을 원작으로 한 영화다.

영화에서 주인공 케이지는 '미믹'(소설에서는 '기타이')이라 불리는 외계 종족의 침략에 맞서 싸우게 된 신병이다. 그는 한 전투에서 특수한 미믹의 영향으로 인해 죽지 않고 타임루프를 돌게 된다. 전투에서 싸우다 죽게 되면 다시 작전 투입 전날로 돌아가서 또 전투에 임해야 한다. 처음에 케이지는 끔찍한 죽음의 반복으로부터 벗어나려고 무진 애를 쓴다. 자살을 시도해보지만 다시 타임루프를 타고 전투 전날로 돌아오게 되고, 탈영도 시도하지만 결국 죽게 되어 다시 공포스러운 전투에 참가하게 된다.

결국 케이지는 자신의 주어진 상황을 받아들이고 완벽한 전사가 되기로 마음먹는다. 전투에서 죽고 다시 살아날 때마다 전투에서 죽지 않고 생존하는 기술을 익혀나간다. 소설에는 사무라이들의 '베면서 익힌다'는 표현이 나온다. 실전에서 칼로 적을 베면서 싸움 기술을 익힌다는 것이다. 그러나 케이지는 '베면서'뿐만 아니라 '베이면서'도 익힌다. 이렇게 죽고 살아나고 익히고, 다시 죽고 살아나고 익히고를 되풀이한 끝에, 드디어 케이지는 타임루프의 진원지를 제거함으로써 수없이 반복한 루프로부터 벗어나고 전쟁을 승리로 이끈다.

어쩌면 우리의 삶도 케이지의 삶과 같을지 모른다. 좀 더 나은 삶을 살아보겠다고 마음먹고 이 책을 든 독자는 처음에 동기-인지 분석, 마음챙김, ABCDE 기법, 나-지-사 기법, 웰빙인지기법, 웰빙행동기법 등을 생활 속에 열심히 적용하려 애쓸 것이다. 그러다 어느덧 그걸 잊고 특정한 상황만 만나면 비합리적 생각에 빠져 스트레스의 고통을 삼키게 된다. 사람들과의 관계에서도 후회할 말이나 행동을 하고 괴로워한다.

그러나 스트레스를 경험해도 우리는 또 잠을 자고 새로운 날을 맞는다. 마치 케이지가 죽음을 당해도 다시 살아나는 것처럼. 우리는 벰(잘함)을 통해서뿐만 아니라 베임(잘못함)을 통해서도 배운다. 어떻게 해야 하는지를 알게 된 것도 학습이지만, 어떻게 하면 안 된다는 것을 알게 된 것도 학습이다.

후회나 자책은 금물이다. 후회스러운 일이 있다면 배운 것이다! 실패를 했다고 해도 그것을 담담히 받아들일 때 더 이상 실패란 없다. 오직 배움이라는 귀중한 선물만 있을 뿐이다.

이 책의 '생각 바꾸기' 기법들이 늘 순풍에 돛 단 듯이 실천되지는 않을 것이다. 적용을 잘못하거나 적용 자체를 못하고 습관적으로 부적절한 인지전략을 사용하는 자기 자신을 발견하는 때도 적지 않을 것이다. 그럴 때 '배웠다!'고 생각하고 오히려 그 가운데 성장이 있기를 기원하자. 우리에게는 항상 새로운 날, 새로운 만남이 주어진다. 늘 배우며 그 가운에 즐거움이 함께하기를 바란다.

LOOK
OUT OF
THE BOX

주석

1 동기인지행동치료는 김정호(2009a, 2009b, 2009c)의 논문 참조. 특히 동기인지행동치료와 인지행동치료 및 새로운 인지행동치료와의 관계에 대해서는 김정호(2009c)를 참조하기 바람.

2 기존의 인지행동치료와 수용전념치료 등 새로운 흐름의 인지행동치료 간의 논쟁에 관해서는 다음 문헌을 참고하기 바람: Hofmann & Asmundson(2008); Hofmann, Asmundson & Beck(2013).

3 안-밖 합치도는 김정호(1985, 1991; Kim, 1986a, 1986b, 1992)를 참조. 안-밖 합치도와 스트레스 및 웰빙과의 관계는 김정호와 김선주(1998, 2007) 참조.

4 동기상태이론은 다음의 문헌을 참조하되 대표적으로는 김정호(2006)를 참조하기 바람: 김정호(2000a, 2000b, 2002, 2005, 2006, 2007, 2009); 김정호와 김선주(1998a, 1998b, 2000, 2007); Kim, Kim & Kim(1999).

5 우리나라에서 웰빙이라고 하면 몸의 건강만을 떠올리는 사람도 있는데, 웰빙은 몸뿐 아니라 마음의 건강도 포함한다는 점을 분명히 하고 싶다.

6 간혹 동기가 좌절되거나 동기의 좌절이 예상되면 스트레스가 발생하고 동기가 충족되거나 충족이 예상되면 웰빙이 발생한다고 이해하는 경우가 있는데 이는 잘못된 이해다. 특정한 동기 상태가 스트레스나 웰빙의 원인이 아니다. 스트레

스나 웰빙이 바로 동기 상태다.

7 자세한 사항은 다음 문헌을 참조하기 바람: 김정호(2000a, 2006); 김정호와 김선주(1998a, 1998b, 2007).

8 동기상태이론에서의 동기에 대한 좀 더 자세한 정의는 다음 문헌을 참고하기 바람: 김정호(2000a, 2000b, 2006); 김정호와 김선주(1998a, 2007).

9 우리는 동기체계의 충족을 위해 인지체계 외에도 감각체계를 갖추고 있다. 감각체계는 자기와 세계에 대한 앎을 제공하는 기능을 하므로 넓은 의미에서 인지체계에 포함시켜 볼 수도 있다.

10 참고로 Ellis가 스트레스의 원인이 된다고 보는 비합리적 믿음의 유형들을 보면 당위에 대한 것이 많이 나온다(Ellis & Harper, 1975/1987). 이 책의 입장에 따르면, 그것들은 그 자체로는 인지이고, 그것을 특정 개인이 자신의 목표 상태로 수용하는 경우에는 동기이다. 따라서 이 책의 입장에 따르면, Ellis의 비합리적 믿음은 뒤에서 다루는 비현실적 혹은 과도한 동기라고 볼 수 있다.

11 기분일치성효과와 관련해서는 Blaney(1986)와 Isen, Shalker, Clark & Karp(1978)를 참조.

12 스트레스 정서와 웰빙 정서에 대한 자세한 구분은 김정호(2000)를 참조하기 바람.

13 정서와 인지의 관계에 관한 더 자세한 논의는 고은미, 김정호, 김미리혜(2015)를 참조하기 바람.

14 체화된 인지, 체화된 마음에 관해서는 이정모(2010, 2011), 안수현(2008), 김지숙과 김지호(2013), 안아림과 민동원(2013), Shapiro(2014) 등을 참조하기 바람.

15 Miller(1956) 참조.

16 반추의 부정적 영향에 대해서는 다음의 문헌을 참조하기 바람: 김빛나, 임영진, 권석만(2010); 이근배와 조현춘(2011); Smith & Alloy(2009); Watkins & Nolen-Hoeksema(2014).

17 김정호(2012), p.51.

18 긍정적 기능의 반추를 부정적 기능의 반추와 구분해서 성장적 반추 혹은 숙고(reflection)라고 하기도 한다. 관련된 연구는 다음의 문헌을 참고하기 바란다.

김진수와 서수균(2011); 신선영과 정남운(2012).

19 행동에 뒤이어 항상 강화를 주는 연속강화보다 어쩌다 강화를 주는 부분강화가 행동이 학습되었을 때 소거를 어렵게 한다. 부분강화에는 주급이나 월급처럼 행동 후에 일정한 기간이 지나서 강화를 주는 간격강화와, 성과급처럼 행동의 빈도에 따라 강화를 주는 비율강화가 있다. 간격강화는 다시 일정한 간격에 맞춰 강화를 주는 고정간격강화와 강화의 간격이 일정하지 않고 가변적인 가변간격강화로 나뉜다. 비율강화도 일정한 행동의 빈도에 따라 강화를 주는 고정비율강화와 강화를 주는 행동의 빈도가 일정하지 않고 가변적인 가변비율강화로 나뉜다. 이러한 4가지 부분강화 중 가변비율강화로 보상을 받았을 때 학습 후 소거가 가장 힘들다. 도박이 끊기 힘든 것은 도박 행동에 따른 보상이 가변비율강화를 받기 때문이다.

20 조소현, 서은국, 노연정(2005) 참조.

21 Scheier, Weintraub & Carver(1986)의 연구 참조.

22 신현숙(2005)의 연구 참조.

23 김정호(2009) 참조.

24 김정호(2009) 참조.

25 동기상태이론에서는 여러 동기들이 조화롭게 추구되는 상태를 총체적 웰빙이라고 본다. 총체적 웰빙에 대한 자세한 설명은 김정호(2006)를 참조하기 바람.

26 암묵적 지식과 관련해서는 이정모, 김문수, 김민식, 유명현, 김정오, 변은희, 박태진, 김성일, 이광오, 김영진, 이재호, 신현정, 도경수, 이영애, 박주용, 조은경, 최상섭, 곽호완(1999)을 참조.

27 김정호(2012), pp.173-174.

28 김정호(2012), pp.194-195.

29 행동적 기법을 사용하는 행동치료에 대비해서 인지적 기법을 사용한다는 점에서 인지치료라는 용어를 사용하지만, 인지치료라고 해도 실제로는 행동적 기법을 전혀 사용하지 않는 경우는 드물므로 인지행동치료라는 용어가 더 적절하다. 그러나 인지적 기법에 좀 더 초점을 둘 때는 인지치료라는 용어를 사용한다.

30 인지행동치료에서의 인지재구조화에 대한 설명은 다음의 문헌을 참조 바람:

권정혜와 이재우(2001); Deacon, Fawzy, Lickel & Wolitzky-Taylor(2011); Hofmann & Asmundson(2008).

31 Shurick, Hamilton, Harris, Roy, Gross & Phelps(2012)를 참조.

32 Benedetti, Thoen, Blanchard, Vighetti & Arduino(2013)를 참조.

33 논리적 논박, 경험적 논박, 실용적 논박에 대한 설명은 김정호와 김선주(2007, pp.237-238)에서 인용함.

34 합리-정서-행동치료에 대해서는 다음 문헌을 참고하기 바람: 박경애(1997); Ellis(1984; 1992; 1995); Ellis & Harper(1975/1987).

35 동기인지행동치료의 관점에서 다룬 합리-정서-행동치료의 비합리적 인지와 동기의 관계에 대한 논의는 김정호(2002; 2009)를 참조 바람.

36 용타 스님의 나-지-사 기법은 다음의 문헌을 참조 바람: 용타(1997); 한국불교심리치료학회(2009).

37 동사섭 프로그램과 관련된 연구로는 다음 문헌을 참조 바람: 성희자, 고유나(2004); 임승환, 이장호(1989); 황정희, 천성문, 이영순(2009).

38 한국불교심리치료학회(2009) 참조.

39 자기자비 명상의 효과와 사례에 대해서는 김정호(2014)를 참고하기 바람.

40 이 책에서 소개하는 '웰빙인지'의 개념은 일부에서 사용하는 '웰빙인지'와는 다르다. 이 책에서의 웰빙인지는 '웰빙을 위한 혹은 웰빙을 만드는 데 기여하는 인지'지만, 아래에서 사용되는 웰빙인지는 '웰빙에 대한 인지'다.
첫째, 웰빙인지도(well-being perception). "소비자가 인지하는 웰빙은 높은 품질의 제품과 서비스에 대한 소비자의 긍정적인 감정 반응으로 제품과 서비스에 대한 만족을 의미한다."[이환의, 김인신, 현성협(2012), p.187] 참고로 '웰빙인지도'와 관련해 다음 3개의 문장을 예로 들 수 있다: '이 레스토랑은 전반적으로 나의 웰빙 욕구를 충족시켜준다.' '이 레스토랑은 나의 삶의 질 향상에 큰 역할을 한다.' '이 레스토랑은 나의 사회적 건강에 큰 역할을 한다.'
둘째, 웰빙인지(well-being recognition). "인지의 개념은 인간 두뇌와 환경을 연결하는 지식 활용의 과정과 내용으로 행위라는 포괄적 의미가 있으므로 웰빙인지는 웰빙의 인식과 관여를 포함하는 의미로 정의하였다."[유지영(2009), p.194]

41 웰빙인지기법과 관련한 자세한 논의는 다음 문헌을 참고하기 바람: 고은미, 김정호, 김미리혜(2015); 김정호(2000, 2002); 김정호, 은희진(2010); 민경은, 김정호, 김미리혜(2014); 은희진(2008).

42 자기효능감과 관련해서는 다음 문헌을 참조 바람: Bandura(1997, 1986, 1997).

43 Fredrickson 등의 확장-확립이론은 다음 문헌을 참조 바람: Fredrickson (1998, 2009); Fredrickson & Joiner(2002); Fredrickson & Levenson(1998).

44 고은미, 김정호, 김미리혜(2015) 참조.

45 민경은, 김정호, 김미리혜(2014) 참조.

46 김정호와 은희진(2010) 참조.

47 은희진(2008) 참조.

48 Pearce & Trombley(2010) 참조.

49 박영수, 양대승, 서진교(2010) 참조.

50 Chen, Mishara & Liu(2010) 참조.

51 이 연구에 사용된 문자 메시지는 다음과 같다.

1차 문자 메시지: "It has been about a week since you were here at the hospital, and we hope everything is going well for you. We would be glad to hear from you if you would like to do so."

2차 문자 메시지: "Compliance with doctor's suggestion would be good for your health. Do not give up. We are always with you."

3차 문자 메시지: "If you have any problem in treatment, please don't hesitate to contact us, maybe we can help."

4차 문자 메시지: "It would be great to hear from you and let us share your feelings. Please keep contact with us."

52 Notthoff & Carstensen(2014) 참조.

53 박찬욱 감독. 《경향신문》 2002년 10월 12일자(《뉴스메이커》 639호(2005년) "유인경이 만난 사람: 박찬욱 감독"에서 재인용).

54 《뉴스메이커》 598호(2004년) "유인경이 만난 사람: 가수 조영남".

55 Wood, Perunovie & Lee(2009) 참조.

56 연구자들은 자기계발서에서 이 문장을 선택했는데 그 이유는 사람들이 자신을

좋아하느냐(love)의 여부가 자존감의 핵심이라고 보았기 때문이다.

57 자존감 낮은 사람의 경우, 자발적으로 선택한 문장도 아니고 긍정적 사고의 압박도 받아서 이러한 효과가 나타났을 수 있다. 같은 연구에서 피험자들을 다시 뽑아 'I am a lovable person.'과 'I am an unlovable person.' 중 전자를 자발적으로 채택한 사람들에 대해서만 긍정적 문장의 반복효과를 살펴보았다. 이때 긍정적 문장이 참인 경우에 초점을 두고 반복하라고 한 '긍정-초점' 조건과, 긍정적 문장이 자신에게 참일 수 있는 경우 혹은 참이 아닐 수 있는 경우에 초점을 두고 반복하라고 한 '중립-초점' 조건으로 나누어 실험을 진행했다. 그 결과 자존감 낮은 사람들은 중립-초점 조건에 비해 긍정-초점 조건에서 낮은 기분과 낮은 행복을 보고했고, 자존감 높은 사람들은 대체로 두 조건에서 유의미한 차이가 없었다. 즉 자존감이 낮은 사람들은 긍정인지의 문장이 참인 경우만 초점을 두라고 할 때보다 참이지 않을 수 있음에 초점을 두게 했을 때 더 좋은 기분과 행복을 보였다.

58 Hofmann, Asmundson & Beck(2013, p.201) 참조.

59 이 얘기는 태국의 아잔차(Ajahn Chah) 스님이 영국인 제자 아잔브람(Ajahn Brahm)에게 들려준 얘기로 Ajahn Brahm(2005)에 수록되어 있다. 이 책은 우리나라에서는 『술 취한 코끼리 길들이기: 마음속 108마리 코끼리 이야기』로 2013년에 번역되었다.

60 직무정교화(jot-crafting)와 관련된 논의는 다음의 문헌을 참조 바람: Tims, Bakker & Derks(2013); Wrzesniewski & Dutton(2001).

61 웰빙행동 목록에 대한 자세한 설명은 다음 문헌을 참조 바람: 김정호(2000, 2002); 김정호와 김선주(2007); 김정호, 신아영, 김정은(2008). 아울러 안-조건과 밖-조건을 포함해서 종합적으로 안-밖 합치도를 조정하는 방법은 김정호와 김선주(1998a, 2007)를 참조하기 바람.

62 Layous, Chancellor & Lyubomirsky(2014) 참조.

63 김정호, 신아영, 김정은(2008) 참조.

64 김정호(2000) 참조.

65 앞의 책 참조.

66 김정호(2012), pp.134-135.

참고문헌

고은미, 김정호, 김미리혜 (2015). 웰빙인지기법이 여자대학 신입생의 웰빙 및 스트레스에 미치는 효과. 한국심리학회지: 건강, 20(1), 00-00.

권정혜, 이재우 (2001). 우울증의 인지행동치료. 인지행동치료, 1, 1-22.

김빛나, 임영진, 권석만 (2010). 탈중심화가 내부초점적 반응양식과 우울증상에 미치는 영향. 한국심리학회지: 임상, 29(2), 573-596.

김정호 (1985). 합치도 원리: 약호화 특수성 원리에 대한 대안. 행동과학연구, 7, 65-76.

김정호 (1991). 효율적인 인간-컴퓨터 상호작용을 위한 인지심리학적 고찰: 안-밖 합치도 접근. 한국심리학회지: 실험 및 인지, 3, 117-130.

김정호 (2000a). 조금 더 행복해지기: 복지정서의 환경-행동목록. 서울: 학지사.

김정호 (2000b). 스트레스의 원인으로 작용하는 동기 및 인지. 학생생활연구, 16, 1-26. 덕성여자대학교 학생생활연구소.

김정호 (2002). 비합리적 인지책략과 스트레스. 한국심리학회지: 건강, 7, 287-315.

김정호 (2005). 스트레스는 나의 스승이다. 서울: 아름다운인연.

김정호 (2006). 동기상태이론: 스트레스와 웰빙의 통합적 이해. 한국심리학회지:

건강, 11(2), 453-484.
김정호 (2007). 삶의 만족 및 삶의 기대와 스트레스 및 웰빙의 관계: 동기상태이론의 적용. 한국심리학회지: 건강, 12, 325-345.
김정호 (2009a). ACT 효과의 기제와 동기인지행동치료. 한국인지행동치료학회 춘계학술대회 및 워크샵 발표초록집, pp. 96-103. 4월 11일. 서울: 성신여자대학교 수정관.
김정호 (2009b). 마음챙김명상과 동기인지행동치료. 한국건강심리학회 2009 제1차 학술발표대회 및 워크샵 발표초록집, pp. 21-33. 5월 21-22일. 진주: 경상대학교 남명학관 남명홀.
김정호 (2009c). 통합동기관리 혹은 통합동기치료: 인지행동치료의 새로운 흐름의 이해. 한국심리학회지: 건강, 14(4), 677-697.
김정호 (2012). 나로부터 자유로워지는 즐거움. 서울: 불광출판사.
김정호 (2014). 스무 살의 명상책. 서울: 불광출판사.
김정호, 김선주 (1998a). 스트레스의 이해와 관리. 서울: 도서출판 아름다운세상.
김정호, 김선주 (1998b). 복지정서의 환경-행동 목록을 통한 스트레스 관리. 사회과학연구, 5, 59-78. 덕성여자대학교 사회과학연구소.
김정호, 김선주 (2000). 심리학에서 본 건강: 총체적 복지로서의 건강. 도대체 건강이란 무엇인가 (김정희 편), 73-101.
김정호, 김선주 (2007). 스트레스의 이해와 관리 (개정 증보판). 서울: 시그마프레스.
김정호, 신아영, 김정은 (2008). 웰빙행동과 스트레스 및 웰빙과의 관계. 2008년 한국임상 건강심리학회 춘계공동학술대회 논문집, pp. 131-132. 5월 1-2일. 대전: 대전컨벤션센터.
김정호, 은희진 (2010). 성경의 웰빙인지와 웰빙 및 스트레스와의 관계. 한국심리학회지: 건강, 15(4), 673-685.
김지숙, 김지호 (2013). 손 씻기에 의한 체화된 인지(EC)가 소비행동에 미치는 영향. 한국심리학회지: 소비자.광고, 14(2), 321-342.
김진수, 서수균 (2011). 친밀한 관계경험과 성장적 반추가 외상 후 성장에 미치는 영향. 한국심리학회지: 일반, 30. 793-809.
민경은, 김정호, 김미리혜 (2014). 웰빙인지기법이 버스 운전기사들의 스트레스 및 웰빙에 미치는 효과. 한국심리학회지: 건강, 19(1), 63-82.
박경애 (1997). 인지·정서·행동치료. 서울: 학지사.
성희자, 고유나 (2004). 학생상담 자원봉사자의 정신건강수준 향상을 위한 소집단 활동의 효과 -동사섭 활동을 중심으로-. 한국정신보건사회복지학회(구 한국정신보건사회사업학회) 학술발표논문집, 213-229.
신선영, 정남운 (2012). 삶의 의미와 사회적 지지가 외상 후 성장에 미치는 영향: 성장적 반추를 매개변인으로. 인간이해, 33(2), 217-235.
신현숙 (2005). 청소년의 낙관성 및 비관성과 심리적 적응의 관계에서 대처의 매개효과. 청소년학연구, 12(3), 165-192.
안수현 (2008). 이성, 정서, 느낌의 관계: 안토니오 다마지오의 "신체화된 마음" 이론을 중심으로. 동서사상, 5, 55-86.
안아림, 민동원 (2013). 체화된 인지가 설득에 미치는 영향: 머리 움직임과 목표 관련성을 중심으로. 마케팅연구, 28(6), 45-68.
용타 (1997). 마음 알기 다루기 나누기. 서울: 대원정사.
유지영 (2009). 한국무용에 참여하는 중년여성의 웰빙 인지와 주관적 웰빙 및 삶의 질의 관계. 대한무용논문집, 58, 191-211.
은희진 (2008). 성경의 웰빙인지가 웰빙증진에 미치는 효과: 기독교인 대학생을 대상으로. 덕성여자대학교 대학원 석사학위논문.
이근배, 조현춘 (2011). 반추가 분노에 미치는 영향. 정서·행동장애연구, 27(4), 101-130.
이정모 (2010). '체화된 인지(Embodied Cognition)' 접근과 학문간 융합: 인지과학 새 패러다임과 철학의 연결이 주는 시사. 철학사상, 41, 27-66.
이정모 (2011). 뇌과학을 넘자면: 인문학, 사회과학, 자연과학, 기술의 연결점인 인지과학의 새 틀. 시와 반시, 77, 198-211.
이정모, 김문수, 김민식, 유명현, 김정오, 변은희, 박태진, 김성일, 이광오, 김영진, 이재호, 신현정, 도경수,이영애, 박주용, 조은경, 최상섭, 곽호완 (1999). 인지심리학. 서울: 학지사.

이환의, 김인신, 현성협 (2012). 베이비부머 세대 레스토랑 고객의 웰빙인지도 및 진취적 기업평가에 영향을 주는 유형적/무형적 단서 고찰 -쾌락주의의 조절효과와 함께-. **관광학연구, 36**(8), 185-205.

임승환, 이장호 (1989). 대면집단에서의 언어반응 변화 추세와 자아개념 변화에 관한 연구 -선불교적 소집단훈련(동사섭)을 중심으로-. **한국심리학회지: 상담 및 심리치료, 2**(1), 69-94.

조소현, 서은국, 노연정 (2005). 혈액형별 성격특징에 대한 믿음과 실제 성격과의 관계. **한국심리학회지: 사회 및 성격, 19**(4), 33-47.

한국불교심리치료학회 (2009). **불교와 심리치료의 만남**. 학지사.

황정희, 천성문, 이영순 (2009). 동사섭 수심훈련 프로그램이 일반인의 공상의 자각, 대인관계에 미치는 영향. **상담학연구, 10**(3), 1327-1344.

Bandura, A. (1986). *Social foundations of thought and action: A social cognitive theory*. Englewood Cliffs, NJ: Prentice-Hall.

Bandura, A. (1997). *Self-efficacy: The exercise of control*. New York: Freeman.

Brahm, A. (2005). *Who ordered this truckload of dung?* MA: Wisdom.

Benedetti, F., Thoen, W., Blanchard, C., Vighetti, S., Arduino, C. (2013). Pain as a reward: Changing the meaning of pain from negative to positive co-activates opioid and cannabinoid systems. *Pain, 154*, 361-367.

Blaney, P. H. (1986). Affect and memory: A review. *Psychological Review, 99*, 229-246.

Deacon, J. D., Fawzy, T. I., Lickel, J. J., & Wolitzky-Taylor, K. B. (2011). Cognitive defusion versus cognitive restructuring in the treatment of negative self-referential thoughts: An investigation of process and outcome. *Journal of Cognitive Psychotherapy, 25*(3), 218-232.

Ellis, A. (1984). **이성을 통한 자기성장** (홍경자 역). 서울: 탐구당.

Ellis, A. (1992). 합리적-정서적 치료. In R. J. Corsini (Ed.), **현대심리치료** [*Current psychotherapies*, 3rd Ed.] (pp. 249-305). (김정희, 이장호 역). 서울:

중앙적성출판사.

Ellis, A. (1995). 화가 날 때 읽는 책. (홍경자, 김선남 편역). 서울: 학지사.

Ellis, A. & Harper, R. A. (1975/1987). 정신건강적 사고 [*A new guide for rational living*]. (홍경자 역). 대구: 이문출판사.

Fredrickson, B. L. (1998). What good are positive emotions? *Review of General Psychology, 2*, 300-319.

Fredrickson, B. L. (2009). *Positivity*. New York: Crown Pubs. [최소영 역 (2009). 긍정의 발견. 서울: 21세기북스.]

Fredrickson, B. L., & Joiner, T. (2002). Positive emotions trigger upward spirals toward emotional well-being. *Psychological Science, 13*, 172-175.

Hofmann, S. G., & Asmundson, G. J. G. (2008). Acceptance and mindfulness-based therapy: New wave or old hat? *Clinical Psychology Review, 28*, 1116.

Hofmann, S. G., Asmundson, G. J. G., & Beck, A. T. (2013). The science of cognitive therapy. *Behavior Therapy, 44*, 199-212.

Isen, A. M., Shalker, T. E., Clark, M., & Karp, L. (1978). Affect, accessibility of material in memory, and behavior: A cognitive loop? *Journal of Personality and Social Psychology, 36*(1), 1-12.

Kim, J.-H. (1986a). Some difficulties of encoding specificity principle. *Korean Journal of Psychology, 5*, 154-166.

Kim, J.-H. (1986b). Compatibility principle model: A general framework for memory research. *Research Review (Duksung Women's University), 6*, 69-103.

Kim, J.-H. (1992). Inner-outer compatibility principle model: Functionalism and computationalism. *Korean Journal of Experimental and Cognitive Psychology, 4*, 165-177.

Kim, J. H., Kim, S. J., & Kim, M. (1999). *On the definition of stress and well-being: An extension of Lazarus model.* The 3rd Conference of the Asian Association of Social Psychology, Taipei, Taiwan.

Layous, K. Chancellor, J., & Lyubomirsky, S. (2014). Positive activities as protective factors against mental health conditions. *Journal of Abnormal Psychology, 123*(1), 3-12.

Miller, G. A. (1956). The magical number seven, plus or minus two: Some limits on our capacity for processing information. *Psychological Review, 63*, 81-97.

Notthoff, N., & Carstensen, L. L. (2014). Positive Messaging Promotes Walking in Older Adults. *Journal of Psychology and Aging, 29*(2), 329-341.

Scheier, M. F., Weintraub, J. K., & Carver, C. S. (1986). Coping with stress: divergent strategies of optimists and pessimists. *Journal of Personality and Social Psychology, 51*(6), 1257-1264.

Shapiro, L. (2014). *The Routledge handbook of embodied cognition*. New York: Routledge.

Shurick, A. A., Hamilton, J. R., Harris, L. T., Roy, A. K., Gross, J. J., & Phelps, E. A. (2012). Durable effects of cognitive restructuring on conditioned fear. *Emotion, 12*(6), 1396-1397.

Smith, J. M., & Alloy, L. B. (2009). A roadmap to rumination: A review of the definition, assessment, and conceptualization of this multifaceted construct. *Clinical Psychology Review, 29*(2), 116-128.

Tims, M., Bakker, A. B., & Derks, D. (2013). The impact of job crafting on job demands, job resources, and well-being. *Journal of Occupational Health Psychology, 18*(2), 230-240.

Watkins, E. R., & Nolen-Hoeksema, S. (2014). A habit-goal framework of depressive rumination. *Journal of Abnormal Psychology, 123*(1), 23-34.

Wood, J. V., Perunovic, W. Q. E., & Lee, J. W. (2009). Positive self-statements: Power for some, peril for others. *Psychological Science*, 860-866.

Wrzesniewski, A., & Dutton, J. E. (2001). Crafting a job: Revisioning employees as active crafters of their work. *Academy of Management Review, 26*(2), 179-201.

감사의 글

먼저 이 책은 덕성여자대학교 2013년도 교내 연구비 지원의 도움을 받았음을 밝히며 대학 당국에 감사의 마음을 전합니다.

프라이버시와 관련된 부분은 각색도 있었지만, 이 책에는 강의나 연구에 참여하며 '생각 바꾸기' 연습을 실천한 사람들의 소감이 들어 있습니다. 교학상장(教學相長)이라고 합니다. 강의나 지도를 통해 저 자신이 더 많이 배웠습니다. 모두에게 감사드립니다.

『마음챙김 명상 멘토링』『받아들임』『나로부터 자유로워지는 즐거움』『스무살의 명상책』에 이어 이번 책도 불광출판사를 통해 세상에 내놓게 되었습니다. 이 책의 출간을 위해 애써주신 불광출판사 모든 분들께도 감사의 마음을 전합니다. 특히 늦어지는 원고에도 차분하고 신속하게 작업을 해주신 이기선 팀장께 감사드립니다.

이 책을 집필할 때도 곁에서 편안하게 지지해주고 때로는 함께 논의도 해주며 아이디어의 정리를 도와준 아내 김선주 박사에게 고마움을 전합니다.

생각 바꾸기

2015년 2월 27일 초판 1쇄 발행

지은이 김정호
펴낸이 박상근(至弘) • 주간 류지호 • 편집 김선경, 양동민, 이기선, 양민호
디자인 최진규 • 제작 김명환 • 홍보마케팅 허성국, 김대현, 박종욱, 한동우 • 관리 윤애경
펴낸 곳 불광출판사 110-140 서울시 종로구 우정국로 45-13, 3층
대표전화 02) 420-3200 • 편집부 02) 420-3300 • 팩시밀리 02) 420-3400
출판등록 제1-183호(1979. 10. 10.)

ISBN 978-89-7479-099-8 03180

책값은 뒤표지에 있습니다.
잘못된 책은 구입하신 서점에서 바꾸어 드립니다.
독자의 의견을 기다립니다. www.bulkwang.co.kr